PROGRAMME

DE

L'ÉTUDE DU DROIT ROMAIN

CONTENANT

UN PLAN GÉNÉRAL DU COURS,

ET LE ... TITRE SUIVANTE JUSQUES ET Y COMPRIS LE
... SECOND DES INSTITUTES DE JUSTINIEN

PROGRAMME

DE LA SECONDE PARTIE

D'UN

COURS DE DROIT ROMAIN

PREMIÈRE LIVRAISON,

CONTENANT

L'EXPOSÉ DU PLAN GÉNÉRAL DU COURS,
ET LES MATIÈRES DES TITRES 1, 2, 10 ET SUIVANTS JUSQUES ET Y COMPRIS LE
25e ET DERNIER DU LIVRE SECOND DES INSTITUTES DE JUSTINIEN.

3me ÉDITION.

PAR M. BENECH,

Chevalier de la Légion-d'Honneur, Avocat à la Cour d'Appel, Professeur de Droit
Romain à la Faculté de Droit de Toulouse.

TOULOUSE.

IMPRIMERIE DE Phe MONTAUBIN,
PETITE RUE SAINT-ROME, 1.

1850.

17855

C.)

OBSERVATIONS PRÉLIMINAIRES.

⸺⸺⸻◦≈◉◦⸻⸺⸺

Dans les prolégomènes de la première partie de mon Cours imprimé, j'ai fait remarquer que le Droit embrassait dans son objet les Personnes, les Choses et les Actions, et que les Rédacteurs des Instituts s'occupant successivement de ce trible objet avaient consacré le premier livre à l'examen des principes qui régissent l'état des Personnes; le second, le troisième et les premiers titres du quatrième au développement des règles relatives aux Choses, et les derniers titres du quatrième à l'exposé de la législation sur les Actions.

Si j'avais suivi la même marche, j'aurais dû diviser naturellement mon Cours en autant de Parties, traiter dans la première des Personnes, dans la seconde des Choses, et dans la troisième des Actions. Ce plan m'avait d'abord souri à cause de sa grande simplicité; cependant lorsque j'ai réfléchi sur les difficultés presque insurmontables que présenterait un traité des Actions distinct du traité des Choses, j'ai abandonné mon premier projet pour adopter un ordre différent dont je vais exposer l'économie.

Le résumé de toutes les doctrines contenues dans les trois derniers livres des Instituts de Justinien peut se réduire aux propositions suivantes :

1º Tracer entre les Choses, les divisions dérivant de leur nature, de leurs rapports avec le droit de propriété, ou de la volonté du législateur.

2º Développer successivement les différentes manières d'acquérir la propriété des choses d'après le Droit des gens, ou d'après le Droit civil, ou seulement d'acquérir un Droit à cette propriété.

3º Indiquer par le ministère de quelles personnes on peut acquérir ce droit de propriété ou à la propriété seulement, *jus in re aut jus ad rem*;

4º Enfin, signaler les attributs ou les effets attachés à chacun de ces droits, comme par exemple, de disposition partielle ou absolue, droit de revendication, etc., etc.

Ainsi, *Droit de propriété* et *Droit à la propriété des choses*, * telle est, en considérant les théories des rédacteurs des Institutes sous le point de vue le plus synthétique, la division la plus large qui domine sur toutes les matières et autour de laquelle viennent se grouper dans un ordre plus ou moins logique toutes les idées accessoires qui s'y rattachent. Telle est aussi la division que nous avons cru devoir adopter pour toute la suite de notre Cours qui ne se composera par cela même que de deux parties principales, dont la première aura pour objet les Personnes, et la seconde les Choses.

D'après ce plan, les règles du Droit relatives aux Actions viendront se fondre tour à tour avec tous les textes afférents dont l'explication rendra leur secours nécessaire; cette fusion aura lieu principalement avec le titre des Obligations.

Les Rédacteurs du Digeste n'ont-ils pas, pour ainsi dire, donné aux Légistes le conseil de lier ces matières, puisqu'ils les ont eux-mêmes traitées et confondues dans un même titre et sous une même rubrique, comme on le voit dans le titre 7 du livre 44, ff., *de obligationibus et actionibus?* Vinnius lui-même en signalant les graves erreurs commises par quelques anciens commentateurs qui avaient cru pouvoir traiter les Actions en les séparant des Obligations, ne semble-t-il pas approuver, ou plutôt indiquer d'avance, la marche que je viens de tracer, et qui, de nos jours, a été adoptée avec tant de succès par M. Mühlenbruch. **

Toutefois je suis loin de me dissimuler tout ce qu'il peut y avoir de hasardeux dans le plan nouveau que je propose, puisque son exécution m'obligera à renverser le plus souvent l'ordre des titres et la série des textes; mais on n'oubliera pas, j'ose l'espérer, que circonscrit dans le court espace d'une seule année scholaire pour l'explication des quatre livres des Institutes, dont l'étude plus approfondie exige de si longs et de si pénibles travaux, je ne puis me promettre de remplir la mission qui m'est confiée qu'en ayant recours à une méthode de nature à simplifier les théories et à favoriser des aperçus rapides.

---

* Je n'ignore pas que cette distinction, familière aux anciens commentateurs, a été l'objet d'une assez vive critique de la part de quelques jurisconsultes modernes. Aussi je suis loin de l'admettre d'une manière absolue, et lorsque le moment sera venu d'expliquer le sens dans lequel je l'emploie, j'aurai le soin de donner à cette théorie les tempéraments et les modifications qu'elle doit nécessairement recevoir.

** *Doctrina Pandectarum Scholarum in usum.*

INTRODUCTION

A LA 1ʳᵉ DIVISION DE LA 2ᵉ PARTIE D'UN COURS DE DROIT ROMAIN.

DU DROIT DE PROPRIÉTÉ OU DU *JUS IN RE*.

Tous les titres du second livre des Institutes et les treize premiers du troisième livre, rentrent naturellement dans la première division que nous venons d'indiquer, puisque toutes leurs dispositions se rapportent à une idée principale, le droit de propriété ou le *Jus in re*. Devais-je les reproduire ici dans l'ordre adopté par Tribonien et ses collaborateurs? Je n'ai pas hésité un seul instant à me décider pour la négative, parce que la plus légère observation suffit pour démontrer que leur économie n'est pas toujours conforme à la génération des idées. Comment, par exemple, justifier d'une manière satisfaisante la place qu'occupent les titre 3ᵉ de *servitutibus prœdiorum*, 4ᵉ de *usufructu*, et 5ᵉ *de usu et habitatione?* Comment surtout expliquer qu'après avoir parlé dans les titres 6ᵉ et 7ᵉ de *l'usucapion* et des *donations* considérées comme des modes d'acquérir à titre particulier, d'après le Droit Civil, les auteurs des Institutes aient interrompu tout-à-coup leur marche, interverti le dénombrement des modes d'acquisition pour intercaler le titre 8ᵉ *quibus alienare licet vel non*, et le titre 9ᵉ *per quas personas cuique acquiritur* et reprendre bientôt après le même dénombrement en traitant dans le titre 10ᵉ et suivants de l'hérédité testamentaire, considérée comme la première manière d'acquérir la propriété des choses à titre universel, d'après le Droit Civil?

Si, comme nous l'avons déjà fait observer, le législateur, dans la manifestation de ses volontés, n'est pas astreint à suivre une méthode putôt qu'une autre, il en est autrement du professeur qui doit toujours systématiser ses théories et tracer les cadres les plus propres à faciliter leur intelligence. Il m'a dès-lors paru convenable, après avoir décomposé par l'analyse tous les éléments de doctrine renfermés dans les titres dont l'énumération précède, de les réunir, à l'aide de la synthèse, dans un plan nouveau, qui sera mieux en harmonie avec la filiation naturelle des idées.

J'ai donc subdivisé en six parties bien distinctes tous les textes du deuxième livre des Institutes, et des treize premiers titres du livre troisième.

Dans la première partie , je traiterai de la division des Choses ;

Dans la seconde , des différentes manières d'en acquérir la propriété , d'après le Droit des gens ;

Dans la troisième , des manières d'acquérir cette propriété à titre universel , d'après le Droit Civil ;

Dans la quatrième , des modes d'acquisitions à titre particulier dérivant du même Droit ;

Dans la cinquième , des personnes par le ministère desquelles nous acquérons la propriété ;

Enfin , dans la sixième et dernière , des attributs de la propriété , et notamment du droit de revendication , de disposition absolue ou partielle , et des divers démembrements que la propriété est susceptible de recevoir.

Avant d'entrer dans l'examen de la première partie , qu'il me soit permis de faire observer qu'en puisant aux sources déjà indiquées dans ma première livraison , et fidèle d'ailleurs à la méthode dont j'ai donné un aperçu, je suivrai la marche historique autant que me le permettront du moins les proportions de mes plans , toujours calqués sur les principales divisions des Institutes de Justinien. Ces Institutes doivent être , comme on le sait , l'objet spécial de nos travaux. Mais si nous devons explorer la science du Droit en le considérant dans l'état où il se trouvait à l'époque où cet ouvrage élémentaire fut composé , il est d'un plus grand intérêt pour nous de le considérer aussi dans la période de son enfance ou de sa formation , de le suivre dans la période de son adolescence et de l'étudier surtout dans la période de sa splendeur ou de sa virilité.

La tâche du professeur resterait évidemment incomplète s'il se bornait à parler du Droit Romain modifié, on peut même dire mutilé par les compilations du siècle de Justinien. Les travaux auxquels ce Prince donna l'impulsion , eurent, sans doute , indépendamment de l'utilité que présente toujours la codification , l'avantage de rapprocher la Jurisprudence des principes du Droit des gens, de la dégager des formalités nombreuses dans lesquelles elle avait été si longtemps captive , et de la rendre ainsi plus profitable, comme législation vivante, aux générations à venir. Mais le Droit Romain perdit alors en nationalité ce qu'il acquit en simplicité. Si on le vit revêtir des formes plus naturelles , il se dépouilla en retour des principaux caractères qui constituaient son individualité; il ne fut plus l'expression fidèle des mœurs et du génie de l'ancienne Rome, il ne mérita plus , à proprement parler, le nom de science , et tomba dans la dernière période de dégénérescence.

Les Institutes de Justinien ne doivent donc être pour nous que le dernier anneau d'une chaîne, à l'aide duquel nous pouvons ressaisir et parcourir tous les autres, qu'un point de départ pour remonter rapidement le cours des âges et le redescendre ensuite, en demandant compte à chaque siècle de ses institutions , à chaque école de ses doctrines , à chaque Prince de ses constitutions. En prenant ainsi le Droit dans son origine et dans ses progrès , après l'avoir vu naître et se développer sous l'influence de la publication de la loi des XII tables, des Edits des Préteurs, des réponses des Prudens, des usages de la Cité, et des rapports des Romains avec les nations étrangères, le Jurisconsulte se plaît surtout à l'étudier tel qu'il se montre brillant du plus vif éclat, et formant la plus belle de toutes les sciences dans le second et le troisième siècle de l'ère Chrétienne, surtout sous le règne d'Alexandre Sévère et des Antonins, à cette époque que l'on a appelée avec raison l'âge d'or de la Jurisprudence; pendant les temps privilégiés et vers lesquels la pensée du légiste se reporte encore avec tant de bonheur, où Papinien écrivait ses Réponses, Ulpien ses fragments, Gaius ses Institutes, et Paul ses Sentences.

L'usage de cette méthode laisse, il est vrai, au professeur peu de temps pour commenter les textes, agiter les questions, élever des controverses, opposer des autorités à des autorités contraires; mais, selon nous, l'institution des Ecoles de Droit a moins pour objet d'approfondir les dispositions législatives que d'enseigner à ceux qui entrent dans la carrière la manière de les étudier. Si les commentaires se pressent nombreux sous leurs mains, si l'érudition des anciens, rajeunie par les écrivains modernes, déborde de toutes parts, l'enseignement oral conservera toujours un avantage que les livres ne leur offriront jamais, celui de leur apprendre à étudier. Le jeune ami des lois qui aura acquis le talent de tracer de bons cadres et de faire usage d'une bonne méthode est déjà profondément initié dans le secret de la jurisprudence, et parmi toutes les méthodes offertes à son choix, celle qui éclaire les textes avec le secours de l'histoire est, sans contredit, la plus utile et la plus efficace; elle est seule féconde en grands résultats, et d'ailleurs seule propre à favoriser le mouvement scientifique qui a été imprimé récemment par les jurisconsultes d'Allemagne, aux Ecoles Françaises, et qui de la capitale se propage de jour en jour dans nos provinces, s'il est permis d'en juger par les travaux de plusieurs Professeurs des Ecoles de droit du Midi, et par l'activité laborieuse dont la jeunesse de nos Facultés donne constamment des exemples.

Les formalités voulues ayant été remplies, tous les Exemplaires non revêtus de la signature de l'Auteur, seront réputés contrefaits.

INSTITUTES DE JUSTINIEN.

LIVRE SECOND.

TITRE I, II, XIII,

ET SUIVANTS, JUSQUES ET Y COMPRIS LE XXVᵉ ET DERNIER.

DES CHOSES.

PREMIÈRE DIVISION. — *Du droit de propriété,*
ou du Jus in re.

PREMIÈRE PARTIE.

De la Division des choses.

En faisant précéder de la *division des choses* l'exposé des différentes manières dont on pouvait en acquérir la propriété d'après le Droit naturel comme d'après le Droit civil, les rédacteurs des Institutes ont suivi une marche rationnelle. Il est, en effet, des choses qui ne sont pas susceptibles, par leur nature ou par la consécration spéciale qu'elles ont reçue, de faire partie du patrimoine de l'homme, et parmi celles qui sont susceptibles d'en faire partie, les modes d'*acquisition* varient selon leur nature.

Pour connaître les principales distinctions que l'on peut proposer entre les choses, on doit les considérer sous trois points de vue divers; car, il est des différences qui proviennent de leur nature, d'autres qui dérivent de la

2

seule volonté du législateur, d'autres enfin qui découlent de leurs rapports avec le droit de propriété.

Considérées par rapport à leur nature, les choses (*res*), c'est-à-dire tous les êtres physiques ou moraux, susceptibles d'un droit, sont, 1° *mobilières ou immobilières*, 2° *corporelles ou incorporelles*.

On entend par choses *mobilières*, celles qui peuvent se mouvoir par *elles-mêmes ou à l'aide* d'une action étrangère, et par choses *immobilières*, celles qui ne peuvent se mouvoir par aucune de ces deux actions. Les choses mobilières se subdivisent en choses *fongibles* et *non-fongibles*, ainsi que nous aurons occasion de le remarquer plus tard.

On appelle choses *corporelles*, celles qui tombent sous les sens, *quæ tangi possunt*; *incorporelles*, celles qui n'ont qu'une existence intellectuelle ou métaphysique, *quæ in jure consistunt*, comme par exemple, les servitudes, l'hérédité et les obligations, qu'elle que soit leur source (Inst., tot., tit. de *reb. corp. et incorp.*). On peut remarquer avec le § 2, ibid., que la nature de ces dernières n'est pas altérée de cela qu'elles se réalisent le plus souvent en biens susceptibles de tomber sous les sens.

Si ces premières distinctions résultent, comme on le voit, de l'essence même des choses, il en est, au contraire, qui n'émanaient que des dispositions particulières au droit civil des Romains. En effet, il y avait, à Rome, une grande différence entre les *res mancipi* et les *res nec mancipi*. *Magna autem differentia inest mancipi rerum et nec mancipi*, dit le jurisconsulte Gaïus, dans ses Institutes, comment. 2, § 18. On ne trouve point tracé dans le même traité la ligne de démarcation qui les séparait; mais il est facile d'y suppléer en consultant le § 1er du tit. 19 des Fragments d'Ulpien, *de domin. et acquisit. rer.* Ce paragraphe est ainsi conçu : *Mancipi res sunt, prædia in Italico solo, tam Rustica, qualis et fundus, quam Urbana, qualis domus; item jura prædiorum rusticorum, velut via, iter, actus, aquæductus, item servi et quadrupedes quæ dorso collove domantur, velut boves, muli, equi, asini.*

Cæteræ res nec mancipi sunt.

Elephanti et cameli quamvis collo dorsove domentur, nec mancipi sunt.

On voit par ce texte que les Jurisconsultes de Rome avaient classé au nombre des choses *mancipi* celles que l'on pouvait reconnaître aux caractères suivans : 1° elles étaient, ou corporelles, ou du moins très-semblables à des choses corporelles; 2° elles étaient, en second lieu, considérées constamment comme *précieuses*, malgré que

l'or et l'argent fussent *res nec mancipi*. A ces caractères
constatés par un grand nombre de commentateurs, on
peut ajouter, * qu'il est probable que l'on comprenait sous
cette dénomination toutes les choses qui avaient été connues dès l'origine par les anciens Romains, et toutes celles
qui avaient ce que nous appellerions une *individualité spéciale*; ou, en d'autres termes, qu'il était facile de reconnaître et de distinguer dans leur espèce. On les appelait
res mancipi, parce que la propriété en était transmise par
la *mancipation*. Cependant, la *cessio in jure* et quelquefois même l'*usucapio* qui suivait la tradition simple, pouvaient remplacer la mancipation : *Mancipi res sunt quæ
per mancipationem ad alium transferuntur, undè propriè
res mancipi sunt dictæ. Quod autem valet mancipatio ,
idem valet et in jure cessio* (Gaius, ibid. § 22. — Frag.
d'Ulpien , tot., tit. 19, *de domin. et acquisit. rerum.*)

Nous développerons bientôt tous les effets attachés à
cette deuxième distinction.

Enfin, si nous considérons les choses dans leurs rapports avec les personnes, laissant de côté la distinction
proposée par les rédacteurs des Institutes de Justinien qui
les divisent, dans le *proœmium* du tit. 1er *de rer. divis. et
acquir. ips. dominio* , en choses qui sont *dans notre patrimoine et hors de notre patrimoine*, nous admettrons
d'après le jurisconsulte Gaius, une classification plus
large, et nous dirons qu'elles sont de *droit divin* ou de
droit humain. — *Summa rerum divisio in duos articulos
deducitur, nam aliæ sunt divini juris , aliæ humani juris.*
(Inst. Gaius, ibid. § 2).

On entend par choses de Droit divin celles qui sont
exclues de notre patrimoine et qui ne sont pas même
susceptibles d'en faire un jour partie. *Quod divini juris
est, id nullius in bonis est* (Inst. Just., § 7, idid.).

Appartenaient au Droit divin, les choses sacrées, religieuses et saintes (ibid.).

Avant que les croyances du christianisme eussent
exercé leur influence sur le Droit, on définissait les
choses sacrées : ** celles qui avaient été consacrées aux
Dieux supérieurs, *quæ diis superis consecratæ sunt* , — et
les *choses religieuses*, celles qui avaient été abandonnées
aux Dieux mânes, *quæ diis manibus relictæ sunt* (Gaius,

* M. Hugo , Histoire du Droit Romain , tome 1er, page 368 et
suivantes.

** L'aliénation des choses sacrées constamment prohibée en règle
générale, n'était permise que dans les trois cas suivants : 1° pour
fournir des aliments aux pauvres dans des temps de famine; 2° pour
payer la rançon des captifs; 3° pour acquitter les dettes de l'église.

ibid., § 4). Justinien définit les 'choses *sacrées*, celles qui sont consacrées au culte de Dieu par le ministère des pontifes, selon les cérémonies en usage, et les choses *religieuses*, celles qui sont consacrées au culte des morts, par un dépôt d'ossemens humains. Nul ne pouvait, de son autorité privée et sans l'autorisation du prince, conférer à une chose un caractère sacré, tandis qu'il en était autrement des choses religieuses qui recevaient ce caractère d'une inhumation faite à *perpétuelle demeure*, par le propriétaire *exclusif* de ce lieu, ou par un autre que lui, agissant avec son consentement.

Les choses *saintes* étaient celles qu'une action pénale protégeait contre l'injure des hommes ; comme, par exemple, les murs et les portes des villes. Elles ne faisaient partie des choses de droit divin que d'une manière indirecte, *quodam modo divini juris sunt* (§ 10, Inst., ibid.).

Les choses de *droit humain* sont *publiques* ou *privées*, dit le jurisconsulte Gaius dans la loi 1, ff., *de divis. rer. et qualit.* Suivons cette subdivision.

Il est des choses qui sont *publiques*, en ce sens qu'elles n'admettent aucune distinction de propriété et que l'usage en est commun à tous les hommes en général, parce que la nature les prodigue pour les besoins de tous. De ce nombre sont l'air, l'eau courante et la mer. Sans doute il est permis de s'approprier une portion de ces éléments, par l'effet de l'occupation, ou de l'usage que l'on en fait. Mais dès que l'occupation cesse, ils rentrent nécessairement dans l'état de communauté et d'indivision primitive.

La mer imprime son caractère à ses rivages, c'est-à-dire à la partie de ses bords qu'elle couvre dans les plus hautes marées d'hiver (Inst. § 3, ibid.). Comme elle ils sont déclarés *chose commune* ; * ainsi, chacun a le droit de les parcourir librement, d'y faire sécher ses filets, même d'y élever une tente ou une cabane pour s'y mettre à couvert des intempéries des saisons. Ces constructions devront être respectées, pourvu qu'elles ne nuisent pas aux usages de la mer.

Il ne faut pas confondre les choses dont nous venons de parler et qui sont dans un état permanent de communauté que nous pourrions appeler *affirmative*, puisque tout homme en use à sa volonté, avec des choses qui se trouvent dans un état de communauté que nous appellerons *négative;* car, si elles ne sont la propriété de per-

* Cependant les rivages de la mer qui baignent le territoire de l'Empire, appartiennent sous certains rapports à la classe des choses spécialement appelées publiques (L. 3, ff., *ne quid in loco publico*).

sonne, elles sont à chaque instant susceptibles de devenir l'objet d'une propriété privée, par l'effet de l'occupation, comme par exemple les animaux sauvages. — On les appelle aussi *res nullius*, mais en donnant à ce mot une acception bien différente de celle qu'il reçoit lorsqu'on l'emploie par rapport aux choses *de droit divin*.

Il est encore des choses *publiques* en ce sens *plus restreint*, qu'elles sont en quelque sorte dans le patrimoine d'un peuple et qu'il est permis d'en user *singulis e populo*.

De ce nombre sont les ports, les fleuves, et l'usages des rives des fleuves. Il y a toutefois cette différence entre les rivages de la mer et les rives des fleuves, que les premiers n'appartiennent à personne, tandis que si les rives des fleuves sont publiques, *quant à l'usage*, la propriété en est attribuée aux maîtres des *héritages qui y aboutissent* (Inst. § 4, ibid.).

Enfin, il est des choses *publiques*, dans l'acception *la plus limitée* de ce mot, en ce sens qu'elles appartiennent aux membres d'une corporation ou d'une communauté qui s'est formée dans le sein d'une nation : par exemple, les théâtres et les autres monuments publics des cités. On ne les appelle *publiques* que par opposition aux choses qui composent le patrimoine *d'un particulier* (Justin. § 6, ibid.). *Bona civitatis* ABUSIVÈ *publica dicta sunt ; sola enim publica sunt quæ populi Romani sunt* (L. 15 ff. *de verb. signif.*).

Toutes les choses qui ne peuvent être considérées comme publiques sous aucun des trois rapports absolus ou relatifs que nous venons d'indiquer sont appelées choses *privées. — Res singulorum sunt.*

En appliquant aux distinctions qui précèdent la division du *proœmium* précité des Instituts de Justinien, nous dirons :

1o Les choses de droit divin sont hors de notre patrimoine et ne sont jamais susceptibles d'en faire partie, *Sunt extra patrimonium et* EXTRA COMMERCIUM.

2o Les choses de droit humain *publiques* sont aussi actuellement hors de notre patrimoine ; mais elles sont susceptibles sous certains rapports d'en faire partie. *

3o Les choses de droit humain *privées* sont *in nostro patrimonio* et le plus ordinairement IN COMMERCIO.

Il importe d'examiner maintenant de qu'elle manière on peut acquérir la propriété des choses qui font partie du patrimoine de l'homme ou qui du moins sont susceptibles d'en faire un jour partie.

* M. Hugo, Hist. du Droit Romain, T. 1er, pag. 115.

DEUXIÈME PARTIE.

De la manière d'acquérir la propriété des choses d'après le droit des gens.

Les dix premiers §§ du titre 1er du livre 2 des Institutes ont été consacrés à la division des choses. Tout le reste du titre est destiné à nous faire connaître comment on en acquiert la propriété d'après le droit naturel ou le droit des gens, car ces deux mots ont ici la même acception.

Et d'abord, le § 11 nous apprend que l'on acquiert la propriété des choses d'après le droit naturel ou d'après le droit civil; et comme le droit naturel est antérieur au droit civil, les rédacteurs des Institutes ont cru avec raison devoir commencer par l'énumération des modes d'acquisition établis par la première de ces législations. *

Ces modes sont au nombre de quatre, savoir : 1° l'occupation; 2° l'accession; 3° la perception des fruits; 4° la tradition. Je diviserai dès-lors cette matière en autant de chapitres.

CHAPITRE PREMIER.

De l'Occupation.

Dans l'état de nature l'occupation était pour l'homme la seule manière d'acquérir, de conserver et de distinguer la propriété. La force et l'adresse seules constituaient souvent le droit du possesseur. Mais dans l'état de société sous l'empire des lois civiles, la propriété est *un droit*, l'occupation n'est plus qu'*un fait*; il ne doit jamais être permis à qui que ce soit de s'emparer de la chose d'un autre sans son consentement, et si l'occupation peut y

---

* Gaius a suivi dans ses *Institutes* une marche opposée en commençant par l'exposé des modes d'acquisition d'après le Droit Civil. Mais indépendamment de la raison donnée par le texte des Institutes de Justinien, on peut justifier l'ordre adopté par Tribonien, en disant avec M. Hugo, que les manières *naturelles* d'acquérir ne supposent pas la propriété d'un autre. Ce sont des *modes originaires*, *modi acquirendi originarii*, tandis que les manières d'acquérir d'après le Droit Civil, constituent ce que l'on appelle des modes *dérivés* ou *secondaires* d'acquisition, des aliénations proprement dites pour la plupart du temps. D'ailleurs les manières *naturelles* d'acquérir sont bien moins importantes que les *modes civils*.

constituer par elle seule un droit exclusif, ce ne peut être que pour les choses *nullius*, c'est-à-dire, qui n'appartiennent à personne, *quod enim antè nullius est, id naturali ratione occupanti conceditur*. (Inst. § 12, ibid.).

Tel est le point de vue général sous lequel l'occupation fut envisagée par les jurisconsultes Romains. Pour entraîner avec elle la propriété, l'occupation devait être accompagnée, de la part du possesseur, de l'*intention d'acquérir*. * Ainsi caractérisée, elle s'appliquait, sous les modifications qui suivent aux êtres animés et aux êtres inanimés.

I. De l'occupation des *êtres animés*. — Pour apprécier convenablement en cette matière les principes du Droit relatifs *aux animaux*, ** il faut, en ayant égard à leur nature, les diviser en plusieurs classes.

Il est, en effet, 1° des animaux *sauvages*, *feræ*, *bestiæ*; 2° des animaux qui ont l'habitude d'aller et de venir malgré que leur nature soit sauvage, et que quelques docteurs ont désignés sous le nom d'animaux *apprivoisés*, *bestiæ mansuefactæ*; 3° des animaux *domestiques*, *bestiæ mansuetæ*.

Voici maintenant les règles particulières à chacune de ces trois classes d'animaux.

1° Tous les animaux sauvages, quelle que soit leur espèce, soit qu'ils habitent sur la terre, dans l'air ou sous les eaux, appartiennent au premier occupant. — Le droit attribué à l'occupation n'existe qu'en faveur d'une appré-

---

* On induisait nécessairement de ce principe, que tous ceux qui se trouvaient dans l'impossibilité d'avoir une volonté réfléchie, tels que les insensés et les enfants mineurs de 7 ans, ne pouvaient acquérir par l'occupation.

** Les animaux dépourvus d'intelligence ne sont pas les seuls dont on peut acquérir la propriété au moyen de l'occupation. Nous avons vu, en effet, dans le 1er livre, en traitant de l'esclavage, que d'après le droit des gens, le vaincu devenait l'esclave, et par cela même la propriété du vainqueur. Ce principe est de nouveau consacré dans le § 17 de notre titre; mais nous n'avons pas cru devoir le rappeler dans notre classification, soit parce qu'il a trouvé plus convenablement sa place dans le titre de la puissance dominicale, soit parce qu'il est en opposition flagrante avec les préceptes du droit naturel (Inst., liv. 1, tit. 2, § 2), d'où découlent les règles de l'occupation ordinaire.

Si la *personne* du vaincu devient la propriété du vainqueur *par droit de conquête*, il en doit être de même, à plus forte raison, *des choses* appartenant aux vaincus, et dont le vainqueur s'empare, *item ea quæ ex hostibus capimus jure gentium statim nostra fiunt* (§ 17, ibid.). Voyez, pour l'application de cette seconde règle, les distinctions indiquées par *Vinnius* dans son commentaire sur ce §.

hension *réelle;* car il ne suffirait pas pour acquérir un animal de l'avoir blessé mortellement. Justinien déclare en termes formels dans le 2 13, ibid., en décidant une question qui avait été autrefois controversée, que la prise de possession est seule attributive du droit de propriété. Mais en retour, dès qu'il y a appréhension, la propriété de l'animal est acquise, soit qu'on le prenne sur son propre fonds ou sur le fonds d'autrui, alors même que le maître du fonds se serait formellement opposé à ce qu'on y pénétrât, sauf à lui à user contre celui qui a enfreint sa défense, de l'action *injuriarum.*

Cette propriété se maintient avec l'occupation; l'une dure autant que l'autre, et par cela même, dès que la possession cesse, la propriété cesse également; l'animal, redevenu libre, rentre dans *l'état de communauté primitive.*

Il faut néanmoins remarquer que si on exige une *détention réelle* pour attribuer la propriété, le propriétaire conserve son droit acquis, dans le cas même ou l'animal aurait échappé à sa garde, pourvu qu'il lui soit encore facile de le faire rentrer de nouveau sous sa main, ce qui est une conséquence du principe, *que la propriété se conserve plus facilement qu'elle ne s'acquiert* (2 12, ibid.).

2o Parmi les animaux dont la nature est sauvage et qui ont néanmoins l'instinct d'aller et de venir, *eundi et redeundi, evolandi et revolandi,* on distingue principalement les abeilles et les pigeons. L'essaim que nous avons une première fois enfermé dans nos ruches et les pigeons de nos colombiers continuent à nous appartenir tant qu'ils conservent *l'esprit de* retour; ils sont censés avoir *perdu cet esprit* dès qu'ils ont perdu naturellement *l'habitude* d'aller et de revenir, fait nécessairement abandonné à l'appréciation du juge (§ 14 et 15, ibid.).

Ces règles sont les mêmes vis-à-vis de tous les autres animaux que l'on peut ranger dans cette seconde catégorie.

3o Quant aux animaux *domestiques,* tels que ceux qui se trouvent mentionnés dans le 2 16, ibid., ils ne cessent jamais d'appartenir au propriétaire, quand même ils viendraient à s'égarer ou à se perdre, et ce dernier peut les revendiquer en quelque lieu qu'ils se trouvent.

II. De l'occupation des *êtres inanimés.* — Après avoir ainsi traité de l'occupation des êtres animés, occuponsnous des êtres inanimés que l'on peut acquérir de la même manière.

Au premier rang, la loi place les choses qui n'ont encore appartenu à personne, telles que les perles et les autres pierres précieuses que l'on trouve quelquefois sur les rivages de la mer, ou dans le sein de ses eaux, *lapilli et gemmæ quæ in littore maris inveniuntur , jure naturali statim occupantis fiunt* (2 18 , ibid.).

Il en serait de même d'une ile qui naîtrait dans la mer (2 22, ibid.).

On peut encore acquérir par l'occupation des choses *qui ont fait autrefois partie du patrimoine de l'homme*, mais qui ont été plus tard *délaissées* par lui avec *l'intention d'en abdiquer la propriété*; comme par exemple, les pièces de monnaie que les magistrats distribuaient au peuple dans les fêtes publiques (2 46, ibid.). Cette *intention* doit nécessairement concourir avec le *fait matériel de l'abandon* pour qu'elles puissent devenir la propriété du premier occupant (2 47, ibid.). Ainsi pour reproduire l'espèce que nous trouvons dans le paragraphe suivant , je ne pourrais acquérir par l'occupation les effets que le pilote, dont le vaisseau était battu par la tempête, a jetés à la mer pour éviter plus facilement les dangers d'un naufrage : il ne cesse pas d'en être propriétaire, parce qu'il ne s'en dessaisit pas avec l'intention de les abandonner, mais seulement pour sauver sa personne et son vaisseau. Il en serait de même des objets qui se détachant du haut d'un char en mouvement, se seraient égarés à l'insu du propriétaire.

Il ne nous reste plus qu'à parler de l'*invention du trésor*. Sans doute , par cela seul que des objets mobiliers ont été cachés et enfouis, ils ne cessent pas d'appartenir à celui qui en les cachant n'a pas eu l'intention d'abandonner une propriété qu'il peut encore constater. Mais lorsque personne ne peut plus justifier de sa propriété sur les objets enfouis, *ils constituent un trésor;* car le trésor a été défini par le jurisconsulte Paul , dans la loi 31, 2 1 , ff, *de acq. rer. domin.* : *vetus quædam depositio pecuniæ cujus memoria non extat, ut jam dominum non habeat.* La propriété en est dévolue d'après les distinctions suivantes, basées sur un édit de l'empereur Adrien.

Le trésor a-t-il été découvert par le propriétaire du lieu dans lequel il était caché? nul autre que lui n'a évidemment le droit d'y prétendre. Il en est de même lorsqu'il a été découvert dans un lieu sacré ou dans un lieu appartenant primitivement à l'inventeur, et devenu plus tard religieux pas son fait (*in loco religioso privato*); il appartient donc dans les deux cas en totalité à l'inventeur.

A-t-il été trouvé sur le fonds d'autrui? soit que ce fonds appartienne au prince, au fisc, ou à une cité, la moitié est dévolue au propriétaire du fonds, et l'autre moitié est acquise à l'inventeur, pourvu toutefois que celui-ci ne doive sa découverte qu'au hasard, *si non data ad hoc opera, sed fortuito casu invenerit.* S'il avait fait des fouilles ou toutes autres recherches dans le but de le découvrir, il serait privé de toute participation au bénéfice de l'invention qui profiterait en totalité au maître du terrain (§ 39, ibid.).

CHAPITRE II.

De l'Accession considérée comme la seconde manière d'acquérir, d'après le droit des gens.

L'accession est le droit en vertu duquel le propriétaire d'une chose acquiert tous les accroissements qu'elle reçoit. On admet à ce sujet cette règle fondamentale : *Que tout ce qui est le produit de notre propriété, tout ce qui s'y incorpore, tout ce qui en augmente l'utilité, l'agrément et la valeur, nous appartient par droit d'accession ;* et comme l'accession a lieu tantôt par la seule action des lois physiques, tantôt par le seul effet du travail de l'homme, et quelquefois par l'action simultanée de la nature et de l'industrie humaine ; les jurisconsultes ont distingué trois sortes d'accession, savoir : l'accession purement *naturelle*, l'accession purement *industrielle* ou *artificielle*, et l'accession *mixte*. Ce chapitre doit dès-lors se diviser en trois paragraphes.

§ I.

De l'Accession purement naturelle.

Tout propriétaire, acquiert entr'autres choses, par droit d'accession purement naturelle :

1° *Le produit et le croît des animaux* (§ 19, ibid.). En vertu du même principe, le maître d'une mère esclave acquérait la propriété des enfants qu'elle avait portés dans son sein (§ 37, ibid.).

2° Les divers accroissements ou développements que reçoivent ses héritages riverains par l'action des eaux, et par le changement de lit des fleuves.

Ce second mode d'acception comprend, 1° l'alluvion ; 2° les accroissements formés par la violence des eaux *vi fluminis* ; 3° la formation des îles qui naissent au sein des fleuves ; 4° enfin, le changement de lit de ces fleuves.

1° *De l'alluvion.* — On appelle alluvion les accroissements ou atterrissements qui se forment successivement e imperceptiblement aux fonds riverains, *est alluvio incrementum latens. Per alluvionem autem id videtur adjici, quod ità paulatim agro nostro adjicitur, ut intelligi non possit quantum quoquo temporis momento adjiciatur* (§ 20, ibid.).

L'alluvion se forme par l'agglomération lente et invisible de couches de sable ou de limon et profite *naturellement au fonds* dont elle *a étendu les limites riveraines*. Mais l'alluvion n'a pas lieu à l'égard des lacs et des étangs qui *malgré leurs alternatives* de crue et de dessèchement sont toujours censés conserver leurs limites ordinaires, ni à l'égard des héritages que les romains désignaient sous le nom de *champs limités, agri limitati.*

2° *De l'accroissement formé par la violence des eaux du fleuve, vi fluminis.* — Si les progrès de l'alluvion échappent à tous les yeux ; il n'en est pas de même de ces accroissements qui se forment tout-à-coup auprès d'un fonds rivérain, au moyen de *portions considérables de terrains que le fleuve a violemment déplacées.* Les portions ainsi détachées ne cessent pas de plein droit d'appartenir au même propriétaire ; *quod si flumen partem aliquam ex tuo prœdio detraxerit et ad meum prœdium adtulerit, hœc pars tua manet* (§ 21, ibid.), mais lorsqu'elles sont unies au fonds auprès duquel elles ont été rapidement entraînées, elles deviennent une portion intégrante de ce fonds et changent alors de maître. Le fait de l'*incorporation* peut résulter de divers indices dont l'appréciation est abandonnée au juge. Le législateur nous en fournit un exemple *démonstratif* dans le § 21, ibid.

3° *De la formation des îles.* — Nous avons déjà vu que les îles qui naissent au sein des mers appartiennent au premier occupant ; celles qui se développent au contraire au sein des fleuves sont dévolues aux propriétaires riverains, *ad eos qui propè ripam prœdia possident.* Il est facile d'en expliquer la raison : une île n'est autre chose qu'une portion du lit qui s'élève au-dessus des eaux. Le lit n'est lui-même qu'une fraction des propriétés riveraines usurpées primitivement par le fleuve ; l'île devait donc naturellement être attribuée aux propriétaires riverains. Si elle est formée d'un seul côté du fleuve, elle est adjugée en entier aux propriétaires riverains de ce côté, en proportion pour chacun d'eux, de l'étendue de leur champ, *prise sur la rive du fleuve.* Si elle naît au milieu du fleuve, on la partage d'abord en deux portions égales, et chacune de ces portions est ensuite subdivisée entre les propriétaires riverains des deux côtés, dans la proportion que nous venons d'indiquer (§ 22, ibid.).

Les règles qui précèdent ne s'appliquent qu'à la propriété des îles qui naissent dans le sein des fleuves, et se développent progressivement, car si une île était formée par un champ que le fleuve aurait environné du contour de ses eaux, les droits du propriétaire de ce champ ne souffriraient aucune altération. — Elles sont encore étrangères au cas d'une inondation qui aurait submergé la surface d'un héritage riverain, parce que l'inondation ne change point la nature de l'héritage *inundatio enim fundi speciem non commutat*, et laisse intacts les droits du propriétaire, qui reprendra après la rentrée des eaux dans leur lit la pleine et libre jouissance de son fonds.

4° *Des mutations qui s'opèrent dans le lit des fleuves.* — Nous avons dit plus haut que le lit des fleuves n'était en réalité qu'un démembrement des propriétés riveraines ; on en déduit à titre de nouvelle conséquence que si ce lit vient à être tout-à-coup délaissé par les eaux, il est attribué aux propriétaires riverains en proportion pour chacun de l'étendue de leurs héritages du côté de la rive ; quant au nouveau lit que le fleuve aura creusé, il deviendra une chose publique comme le fleuve lui-même. Que si par l'effet d'un caprice soudain de ses eaux le fleuve rentre plus tard dans son lit primitif, le nouveau lit délaissé à son tour sera encore adjugé, en vertu des mêmes principes, aux propriétaires riverains (§ 23, ibid.).

Cette dernière décision est conforme aux *principes rigoureux du droit* : mais il parait qu'elle était admise avec beaucoup de difficulté, *sed vix est ut id obtineat*, dit la loi 7, § 2, ff. *de acquir. rer. domin.*; d'où la conséquence que les jurisconsultes romains qui cherchaient constamment à se rapprocher des règles de l'équité, permettaient plus facilement à l'ancien propriétaire de rentrer dans son héritage en reprenant le lit abandonné.

§ II.

De l'Accession industrielle ou artificielle.

Les divers modes d'accession industrielle , c'est-à-dire de celle qui s'opère par le fait de l'homme, peuvent être ramenés à trois principaux, connus en jurisprudence sous le nom de *spécification*, *d'adjonction* et de *commixtion*.

1° *De la Spécification*. On appelle en droit *spécification* la confection d'un objet nouveau avec une matière première appartenant à autrui.

Certes lorsqu'un propriétaire façonne lui-même ou fait façonner par un autre, mais en son nom, les matières premières qui lui appartiennent et les transforme en un objet nouveau, cet objet lui appartiendra incontestablement ; il ne pouvait donc s'élever des doutes que pour le cas où le corps nouveau a été confectionné avec des élemens

appartenant à un autre que le confectionnaire. Fallait-il
accorder la propriété de ce corps au spécificateur ou au
maître de la matière ? Les avis étaient partagés à cet égard
entre les Proculeiens et les Sabiniens : les premiers accor-
daient la propriété de l'ouvrage confectionné au spécificateur ; les seconds l'attribuaient au contraire au maître de
la matière (*Ins. Gai. Com.* 2, § 79). Entre ces deux opinions opposées , l'empereur Justinien adoptant le terme
moyen proposé par d'autres jurisconsultes a déclaré qu'il
fallait, pour résoudre la question, *examiner si la matière
façonnée pouvait ou non rentrer dans son état primitif.*
Dans le premier cas, il adjuge l'objet nouveau au maître
de la matière, parce que la substance de cette matière n'a
pas été détruite ; la forme seule a changé. Dans le second,
il l'accorde au spécificateur, parce que la matière a été
détruite par l'effet de l'industrie, ce qui est conforme à la
maxime si connue : *extinctæ res vindicari non possunt*
(§ 25 ibid.).

Je serai donc propriétaire d'un vase qu'un autre aura
fondu avec mes lingots, qui peuvent toujours reprendre
leur premier état encore plus facilement qu'ils ne l'ont
perdu ; mais je perdrai la propriété du bloc de marbre
qui aura reçu la vie sous le ciseau du statuaire, parce que
l'artiste en l'animant a créé un objet entièrement nouveau,
et fait disparaître pour ainsi dire la matière première qui
ne peut rentrer dans son état primitif.

Il résulte évidemment des règles qui précèdent, que
l'ouvrage nouveau composé en partie avec des éléments
appartenant à son auteur et en partie avec des éléments
appartenant à autrui, restera la propriété de celui qui
l'aura confectionné, lorsque la matière façonnée ne sera
pas susceptible de rentrer dans son état primitif.* Il faut
induire également de ce principe d'équité naturelle, *nemo
cum jactura alterius debet fieri locupletior*, que dans tous
les cas, celui des deux, du spécificateur ou du maître de
la matière première, qui restera propriétaire du corps
nouveau, devra donner à l'autre une juste indemnité.

2° *De l'Adjonction.* Lorsque deux choses primitivement

* Telle est la précision avec laquelle il faut entendre la dernière
partie du § 25 précité, du moins si l'on adopte l'opinion professée
par M. Ducaurroy dans ses *Institutes expliquées*, tom. 1er, p. 377
et 378. Il faut cependant reconnaître que l'opinion de ceux qui
attribuent dans tous les cas la propriété de l'objet nouveau au spécificateur, s'il a fourni une partie de la matière première, semble
plus conforme au texte de ce paragraphe, qui aurait dérogé aux
dispositions des lois 3, § ult., 4 et 5, § 1, ff., *de rei vindicat.*

distinctes et séparées et appartenant à des maîtres différents ont été plus tard réunies pour ne former qu'un seul corps, le maître de la chose principale acquiert la propriété de ce corps, par préférence au maître de la chose accessoire, en vertu du principe : *accessorium cedit principali.* Toute la difficulté consiste donc, dans les diverses espèces d'adjonctions, à reconnaître quelle est la chose principale et quelle est la chose *accessoire.* Est considérée en thèse, comme chose *principale*, celle qui aurait pu exister indépendamment de l'autre, et comme chose *accessoire*, celle qui n'est pour ainsi dire qu'un *accident*, ou qui existant par elle-même n'a été unie à l'autre que pour son complément ou son ornement, alors même que sa valeur serait supérieure à celle de la chose principale. Ainsi dans le cas où j'aurais brodé un de mes vêtements avec la pourpre d'autrui, je deviendrai, par le fait de l'adjonction, le propriétaire de cette pourpre, malgré qu'elle soit bien plus précieuse que le vêtement lui-même, à la charge toutefois par moi de désintéresser le propriétaire de l'ornement dont je profite. Si j'avais soustrait frauduleusement la pourpre, celui qui en est le maître aurait sans difficulté contre moi l'action dérivant du vol, et la condiction furtive, et s'il n'y a eu qu'erreur de ma part dans l'emploi que j'en ai fait, il sera libre d'agir par l'*actio ad exhibendum*, à l'effet de faire séparer la chose principale de la chose accessoire, et de rentrer, après cette séparation, dans la propriété de la pourpre qui est regardée, dans notre espèce, comme la chose accessoire.

Appliquons successivement les mêmes règles à de nouvelles espèces d'accession industrielle, c'est-à-dire à l'*inædification*, à l'*écriture* et à la *peinture*.

Lorsqu'un propriétaire élève avec ses matériaux des constructions sur son propre fonds, il a sans aucune difficulté la propriété de ces mêmes constructions. Mais il peut se faire que le propriétaire du sol construise avec des matériaux appartenant à autrui, ou bien que le propriétaire des matériaux construise sur un sol étranger. Dans cette double hypothèse, on applique indistinctement l'adage consacré par le § 29, ibid : *Omne quod solo inædificatur, id est superficies solo cedit.* Le propriétaire du sol devient donc dans les deux cas propriétaire des constructions, parce que le sol, conservant toujours sa substance, et pouvant exister d'ailleurs indépendamment du bâtiment, est toujours considéré comme la *chose principale*, et le bâtiment comme la *chose accessoire.* Cependant, lorsque le propriétaire du sol a construit avec les matériaux d'autrui, il n'est pas juste que le propriétaire de ces matériaux en ait été impunément privé, et dès-lors, si d'après un texte de la loi des Douze Tables basé sur une considération d'intérêt public, *ne ædificia rescindi necesse sit*, il lui est interdit de demander la démolition des constructions pour reprendre ses matériaux en nature, il est du moins fondé à réclamer leur valeur. On l'avait même autorisé, soit pour le dédommager complétement, soit peut-être pour punir celui qui avait mal à propos employé les matériaux d'autrui, à demander le double de leur valeur, par l'action connue dans la législation romaine sous le nom de *actio de tigno juncto*. Que si les constructions viennent à être détruites par une cause quelconque, l'obstacle qui s'opposait à la revendication des matériaux en nature venant à cesser, le propriétaire qui n'aurait pas déjà obtenu le double de leur valeur, rentrant alors dans tous ses droits primitifs, a la faculté d'exercer l'action en revendication. Ce principe n'est pas spécial à l'inædification ; on l'applique à toutes les espèces d'adjonctions qui peuvent se présenter, (sauf le cas où il y a incorporation parfaite, comme dans la *ferrumination* dont parle la loi 23, ff. *de rei vindicat.*), en autorisant celui qui ne peut revendiquer la chose en nature, tant qu'elle demeure unie à la chose principale, à la reprendre plus tard lorsqu'elle en est séparée.

Dans l'espèce inverse, c'est-à-dire lorsque le maître des matériaux a construit sur le sol d'autrui, ses constructions, nous l'avons déjà dit, appartiennent, comme dans le cas précédent, au propriétaire du sol, *illius fit domus cujus et solum est* (§ 30, *ibid.*). Néanmoins si le constructeur est de bonne foi et en possession du bâtiment, le maître du sol ne pourra l'évincer qu'en lui remboursant préalablement la valeur des matériaux et le prix de la main d'œuvre, *pretium materiæ et mercedes fabrorum* (§ 30, ibid.). Le texte ne parle que des droits du constructeur de bonne foi qui s'est maintenu en possession de l'édifice; mais s'il n'est pas de bonne foi, c'est-à-dire s'il a bâti sciemment sur le fonds d'autrui, ou si, étant de bonne foi, il n'a pas conservé la possession, faudra-t-il le priver de toute action contre le propriétaire du sol qui profite du bâtiment? Telle est la question qui se présente naturellement et que nous résoudrons dans nos explications orales à l'aide des principes posés dans les lois 37 *ff. de hæred. petit.* 6, *ff. de negot. gest.* 37, *ibid. de rei vindic.* et 2 *Cod. ibid.*

De même que la propriété du sol emporte celle de la superficie, la propriété du papier ou du parchemin entraîne celle du manuscrit et des caractères qui y sont tracés, quel que soit leur prix. Mais ici encore l'écrivain possesseur de bonne foi peut toujours opposer l'exception de dol au maître du papier ou du parchemin qui refuserait de lui payer les frais de l'écriture, *impensas scripturæ* (§ 33, ibid.).

La raison qui fait attribuer au maître du papier la propriété de l'écriture, aurait dû faire adjuger la propriété d'un tableau au maître de la toile, puisque la toile se conserve sous les couleurs qui l'animent, comme le papier ou le parchemin sous les caractères qu'il reçoit. Le jurisconsulte Gaius, tout en reconnaissant qu'il est difficile d'expliquer l'admission de principes divers dans les deux espèces, atteste néanmoins dans le § 78, comment. 2 de ses Institutes, que la toile le cédait à la peinture, *magis creditur tabulam picturæ cedere*. Le jurisconsulte Paul émit à la vérité une opinion opposée ; mais l'empereur Justinien, consacrant la doctrine attestée par Gaius, déclara que l'excellence de l'art du peintre, *excellentia artis*, méritait en sa faveur une exception aux principes généraux (§ 34, ibid.). Le peintre reste donc propriétaire du tableau qu'il a peint sur la toile d'autrui, et peut le revendiquer directement en offrant toutefois de payer le prix matériel de cette toile. Si, au contraire, le peintre se trouve en possession du tableau, le maître de la toile a une action utile pour le revendiquer, mais à la charge par lui de payer le prix de la peinture à l'artiste qui, renonçant à son droit de préférence, ne voudrait pas conserver pour lui le tableau (§ 34, ibid.).

3º *De la Commixtion.* On appelle en droit *commixtion*, la réunion des corps solides, et *confusion*, le mélange des liquides appartenant à des maîtres différents. Les règles propres à chacune de ces espèces d'accession et au partage des masses devenues communes sont tracées dans les §§ 27 et 28 *ibid.*

§ III.

De l'Accession mixte.

L'accession qui se forme à la fois par l'effet de la nature et de l'industrie humaine, a été désignée sous le nom d'*accession mixte*. Les rédacteurs des Institutes s'en sont occupés dans les §§ 31 et 32 du même titre.

Ces deux §§ supposent : 1º que le maître d'un champ y a planté des arbres ou semé des graines appartenant à autrui ; 2º que le propriétaire des arbres ou des graines a planté les uns et semé les autres dans un champ qui ne lui appartient pas. Dans l'un et l'autre cas, le propriétaire du sol devient propriétaire des graines et des plantes, mais seulement à compter de l'instant où les plantes ont poussé des racines (§ 32, ibid.).

Ce n'est en effet qu'à partir de ce moment qu'il y a *incorporation* et par suite accession mixte. Cette solution, conforme aux règles déjà posées en matière d'accession industrielle, ne préjudicie d'ailleurs en rien au droit du propriétaire des arbres ou des graines, auquel le maître du sol devra toujours faire compte de la valeur de ces objets. Le juge aura encore égard, comme dans les autres espèces analogues, à la possession et à la bonne ou mauvaise foi des parties.

En résumant dans mes explications orales l'ensemble des principes précédents, sur les diverses espèces d'accession *industrielle* et *mixte*, j'examinerai spécialement l'influence qu'exerce sur leur application et la mauvaise foi et la soustraction frauduleuse de celui qui veut se faire de l'accession un titre d'acquisition.

CHAPITRE III.

De la Perception des fruits.

Si tout *propriétaire* acquiert par droit d'accession tous les fruits que sa chose produit, le droit romain a cependant prévu le cas où un *simple possesseur* fait siens sous certaines modifications les fruits qu'il a perçus sur un fonds étranger.

Pour raisonner dans cette hypothèse, il faut donc admettre que le titre du possesseur est émané d'un autre que le vrai propriétaire du fonds et sans aucune participation de celui-ci. Ce propriétaire, tant que l'usucapion n'aura pas été accomplie à son préjudice, aura incontestablement le droit de revendiquer sa propriété, et la restitution ne pourra lui en être refusée, car il n'a pu être dépouillé sans son fait; mais le possesseur évincé a perçu pendant sa jouissance tous les fruits que la chose induement aliénée a produits. Devra-t-il les restituer comme la propriété elle-même, ou bien les conservera-t-il en tout ou en partie? C'est dans le texte du § 35, ibid. qu'il faut chercher la solution de ces questions.

On y voit d'abord, que tout droit aux fruits de la part du possesseur est subordonné au concours des trois conditions suivantes, savoir : 1° la bonne foi, 2° l'existence d'une juste cause, 3° la perception des fruits.

Le possesseur est de *bonne foi* d'après la loi 109, ff. *de verb. signif.*, lorsqu'il ignore les vices de la cause de son acquisition, et croit par cela même avoir légalement reçu

4

du vrai propriétaire la chose qu'il tient en réalité *à non domino quem dominum esse credebat.*

Par *juste cause* on entend une cause qui, suivie de la tradition, transfère la propriété, comme la donation, la vente, la constitution de dot, par opposition à la cause qui ne transporte que la simple détention ou seulement la jouis-sance d'une chose, comme le louage ou le dépôt.

Enfin par la *perceptisn de fruits* on entend leur séparation du sol.

Lorsque le *possesseur* réunit en sa personne ces trois conditions, quels sont les fruits qu'il aura fait siens ? quelle sera d'un autre côté la part que *le propriétaire* pourra y prétendre ?

On comprend facilement que le propriétaire qui revendique son fonds, revendique par cela même d'une manière implicite les fruits *encore pendans* au jour de la demande, parce qu'ils constituent une portion intégrante de ce fonds (L. 44, ff. *de rei vindic.*). Voilà pourquoi le possesseur, qui n'a pas encore perçu, se trouve privé de toute espèce de droit.

Le propriétaire sera également autorisé à revendiquer les fruits perçus qui *existeront encore en nature* entre les mains du possesseur, *fructus extantes*, parce que ces fruits *quoique détachés du sol*, n'en sont pas moins sa propriété, en vertu du principe qui attribue au propriétaire tous les produits de la chose, principe que l'on devait respecter, *quamdiù fructus in substantiâ suâ durant*, sans préjudice toutefois du droit qu'a le possesseur d'être remboursé de ses impenses, conformément à l'adage : *fructus non dicuntur nisi deductis impensis.* Il importe toutefois de remarquer à ce sujet que le propriétaire ne peut réclamer que les fruits qui ont été *réellement perçus*, et non tous ceux qu'il aurait *été possible* de percevoir, parce que le possesseur ayant juste sujet de croire qu'il était propriétaire, n'est pas comptable du mode de son administration et de sa jouissance ; *qui rem quasi suam neglexit, nullius querelæ subjectus est.*

Puisque le propriétaire prend pour sa part et les fruits encore *pendans* au moment de la demande et les fruits perçus mais *extans*, il s'en suit nécessairement que le possesseur ne conservera pour lui que les fruits qu'il aura *consommés* (?. 35, ibid.). Si d'un côté les principes généraux du Droit s'opposaient à ce que le propriétaire revendiquât les fruits consommés, parce que *extinctæ res non vindicantur*, d'un autre côté la loi a cru devoir les attribuer au possesseur non-seulement *propter curam et culturam*, comme le dit le même ?, mais principalement à cause de *sa bonne foi*, qui lui donne par rapport aux fruits, quelle que soit leur nature, * des droits presque aussi étendus qu'au propriétaire lui-même, *quod ad fructus attinet loco domini penè est* (L. 48, ff. *de acquiren. domin.*).

Le possesseur de bonne foi, qui fait siens *irrévocablement* les fruits *consommés*, n'a donc sur les fruits *perçus* (c'est-à-dire, devenus un objet distinct du fonds par l'effet de leur séparation, quelle que soit d'ailleurs la cause qui ait produit cette séparation), mais *extans*, qu'une propriété *intérimaire*. Cette propriété peut néanmoins devenir *définitive*, par l'effet de l'usucapion résultant d'après la législation de Justinien d'une possession de 3 ans pour les choses mobilières. (Inst., liv. 2, tit. 6. *de usuc. et long. temp. præscrip.*, ad proœmium).

Tels sont les droits du possesseur pendant que dure sa bonne foi, car dès l'instant où il a connu les vices de son titre, soit par la demande en revendication de la part du propriétaire, soit de toute autre manière, il cesse de jouir de toutes les faveurs que la loi lui accorde, et à compter du moment où sa mauvaise foi a commencé, il est comptable des fruits encore extans comme de ceux qu'il a consommés, de ceux qu'il a perçus comme de ceux qu'il a négligé de percevoir. (Instit. liv. 4, tit. 17 *de offic. judic.* § 2. **

* On définit généralement les *fruits : omnis obventio, omnis reditus qui ex re aliqua aut ejus occasione percipitur.* — On divise les fruits en fruits *naturels, industriels et civils.*

Les fruits *naturels* sont ceux que la nature seule produit et qui ne demandent aucune culture.

Les fruits *industriels* sont ceux qui exigent de la culture ou d'autres soins; enfin on entend par fruits *civils* les revenus que l'on perçoit d'un objet stérile de sa nature, comme les loyers d'une maison, les intérêts des sommes d'argent.

** Pour caractériser et spécialiser avec plus de précision le mode d'acquisition dont nous venons de parler, rapprochons le possesseur de bonne foi de l'*usufruitier* et *du fermier*, qui, comme lui, perçoivent les fruits sur un fonds étranger.

Ce rapprochement donne les résultats suivants:

1° L'usufruitier et le fermier tiennent leurs droits du propriétaire du fonds, (à moins qu'il ne soit question d'un usufruit légal); le possesseur de bonne foi, au contraire, est porteur d'un titre émané à *non domino*, et puise, dans sa bonne foi, tout son droit aux fruits perçus.

2° L'usufruitier, comme le possesseur de bonne foi, ne fait les fruits siens que par *la perception*, à la différence du fermier qui a des droits indépendants de cette perception.

Il y a néanmoins cette double différence entre l'usufruitier et le possesseur de bonne foi, que si l'usufruitier ne fait siens que les

CHAPITRE IV.

De la Tradition.

La *tradition*, que l'on peut définir, *la translation de la possession d'une personne à une autre*, est classée au nombre des manières d'acquérir la propriété d'après le droit naturel. (§ 40, Inst. ibid.).

Pour comprendre plus facilement sous quels rapports on doit considérer la tradition comme une des manières d'acquérir la propriété d'après le droit naturel, et surtout pour saisir l'esprit dans lequel les rédacteurs des Instituts ont posé et développé ce principe, il est indispensable d'entrer dans quelques développements historiques sur le droit de propriété dans la Législation Romaine.

On ne connaissait à *Rome* dès l'origine (*olim*, dit Gaius, Inst. c. 2, § 40), qu'une seule espèce de propriété, *la propriété Romaine, dominium Quiritarium, jus Quiritium:* elle n'admettait aucun partage et on était dans cette alternative de l'avoir toute entière, ou d'être privé de toute espèce de droit : *aut enim unusquisque dominus erat, aut non intelligebatur dominus* (Ibidem). — Ce domaine ne s'acquérait que par des moyens civils, ou au moins par des moyens primitifs, tels que l'alluvion.

Plus tard * s'établit la distinction dont nous avons déjà parlé, des choses *mancipi* et *nec mancipi.*

On ne pouvait acquérir la propriété des premières que

---

fruits perçus ou détachés du sol *par lui* ou par *un autre en son nom*, il acquiert *définitivement* les fruits *extans* comme les fruits *consommés*, tandis que si le possesseur de bonne foi fait siens les fruits détachés du sol *industriellement*, ou *naturellement*, ou *bien par l'effet d'un accident quelconque*, il n'acquiert d'une manière *définitive* (comme nous l'avons déjà vu) que les fruits *consommés.*

3° L'usufruitier et le fermier ne peuvent pas usucaper la propriété du fonds soumis à leur droit ; il n'en est pas de même du possesseur de bonne foi qui peut par une possession de 10 ans *entre présens*, et de 20 ans *entre absens*, consolider irrévocablement sur sa tête la propriété de la chose qu'il possède.

4° L'usufruit est personnel de sa nature ; il s'éteint avec la personne de l'usufruitier, tandis que le possesseur de bonne foi et le fermier transmettent leurs droits à leurs héritiers.

* Aucun auteur ne fixe d'une manière précise ni l'époque à laquelle cette distinction fut introduite, ni la manière dont elle se forma.

M. Hugo l'a placée dans le cours de la 2ᵉ période qui commence à la publication de la loi des Douze Tables et s'étend jusqu'à Cicéron.

par des moyens appartenant au Droit Civil, comme par exemple la *mancipatio* ou la *cessio in jure*, dont les formalités sont énumérées dans le ? 119, c. 1, Inst. de Gaius, et c. 2, ? 24.* (Fragment d'Ulp., tot., tit. 19, *de domin. et acquisit. rerum*).

Tant que les formalités de la *mancipatio* ou de *la cessio in jure* n'avaient pas été remplies et que l'on n'avait pas eu recours à d'autres moyens dérivant du Droit Civil, la simple *tradition* de la chose ne conférait pas la *propriété Romaine*; celui qui l'avait livrée n'en conservait pas moins le *dominium Quiritarium*, et celui qui l'avait reçue n'en avait que la simple possession (*in bonis habebat*), à laquelle on attribua certains effets, et que l'on désigna sous le nom de *dominium Bonitarium*. Le droit de propriété qui était d'abord indivisible se décomposa donc en deux éléments, *divisionem accepit dominium, ut alius possit esse ex jure Quiritium dominus, alius in bonis habere*. (Gaius, ibid.).

Sans examiner ici la question de savoir si avant la distinction des choses *mancipi* et *nec mancipi*, la tradition suffisait pour transférer la propriété Romaine**, nous pouvons dire en toute confiance qu'après cette distinction, elle était insuffisante pour transférer le *domaine quiritaire* des choses *mancipi* et que ses effets se bornaient à transférer la propriété des choses *nec mancipi*. (Ulpien, tot. titulo 19, *de domin. et acquisition. rer.*).

L'empereur Justinien, dont les efforts tendirent constam-

---

* Pourquoi les Romains avaient-ils exigé des formalités spéciales pour l'aliénation des choses *mancipi* ? — On peut dire avec M. Hugo que les choses *mancipi* étant considérées généralement comme *précieuses*, il paraissait naturel qu'on apportât certaines restrictions à leur aliénation, ou bien conjecturer avec M. Blondeau que ces formalités avaient été imaginées pour suppléer à ce que la preuve testimoniale, la seule en usage à cette époque, avait d'imparfait, ou bien enfin penser avec M. Niebürh, qu'elles avaient été empruntées par Romulus et ses successeurs aux usages des Etrusques.

** Les auteurs ont beaucoup écrit sur cette question sans résoudre toutes les difficultés dont elle est hérissée. Pour apprécier les rapports de la distinction des choses *mancipi* et *nec mancipi* avec celle du domaine *quiritaire* et *bonitaire*, et celle des manières d'acquérir *ex jure gentium* et *civili* on doit consulter principalement l'Histoire du Droit Romain par M. Hugo, tome 1er, page 114 et suivantes, et la Chrestomatie de M. Blondeau, pages 195, 196, 197, 207 et suivantes.

Ce dernier auteur expose à cet égard la doctrine suivante que nous résumerons en peu de mots :

1o A l'époque de la loi des Douze Tables, toutes les choses étaient *mancipi*, en ce sens seulement qu'elles ne pouvaient être aliénées que

ment à dégager la jurisprudence des formes nombreuses dans lesquelles elle avait été enchaînée, pour lui imprimer un caractère de simplicité en harmonie avec les mœurs de son siècle, supprima toutes les différences qui existaient entre les choses *mancipi* et les choses *nec mancipi*, entre le domaine *quiritaire* et le domaine *bonitaire*, et la tradition produisit dès-lors sur toute espèce de choses indistinctement, les effets qu'elle ne produisait antérieurement que par rapport aux choses *nec mancipi* (Inst., § 40, ibid., L. unic. Cod. de nud. jur. quirit. tollendo).

Pour que la tradition transférât la propriété, il fallait :

1o Que la personne qui livrait eût la propriété de la chose livrée et la capacité d'en disposer, ou tout au moins qu'elle eût reçu des pouvoirs suffisants de la part du propriétaire maître de ces droits (Inst., §§ 42 et 43, ibid.).

2o Une juste cause de tradition, c'est-à-dire capable de transférer le domaine, comme par exemple une vente ou une donation.

3o Que la chose fût corporelle, *manifestum est enim incorporales res traditionem non recipere*, dit Gaius, (Inst., comment. 2, § 28). *

4o Que la personne sur la tête de laquelle on voulait transférer la propriété eût la capacité de recevoir.

On exigeait en règle générale qu'elle fût certaine et déterminée. Cependant on voit par le § 46, ibid., que la tradition pouvait avoir quelquefois lieu en faveur de *personnes incertaines*.

par la *mancipation* ou tout autre mode de droit civil. (Nous pouvons ajouter : et par les *moyens primitifs*, tels que l'*alluvion*, et les autres espèces d'accession naturelle).

2o Plus tard, pour faciliter les transactions commerciales, soit dans leurs rapports entr'eux ou avec les étrangers qui n'avaient pas obtenu le *jus commercii*, les Romains empruntèrent au droit des gens *la tradition* comme un moyen translatif de propriété.

3o Mais *la tradition* ne fut pas reconnue suffisante pour l'aliénation de toute espèce de choses indistinctement ; quelques-unes ne purent être aliénées que par la mancipation, à cause du prix qu'on y attachait. Celles qui ne pouvaient être aliénées que *per mancipationem* (ou bien par tout autre mode civil) prirent le nom de choses *mancipi*. Quant aux autres, la tradition était suffisante pour en transférer la propriété ; on les appela choses *nec mancipi*.

De là la distinction du domaine *Quiritaire* et du domaine *Bonitaire.*

* En matière de *choses incorporelles* on admet une *quasi-tradition* dont Vinnius a nettement tracé le caractère, lorsqu'il a dit : *In his traditione fungitur patientia Domini, et vice apprehensionis possessionisque fit usus cui Dominus hujusmodi jus quæsitum vult.* (Com. sur le § 40 du titre *de rer. div.*).

Dans le contrat de vente comme dans tous ceux qui ne renferment une aliénation que sous condition, la propriété de la chose vendue et livrée n'était irrévocablement assise sur la tête de l'acquéreur qu'après le paiement du prix, à moins que le vendeur n'eût suivi la foi de ce dernier (§ 41, ibid.).

La tradition n'est qu'un moyen de transférer *la possession* de la chose, *vacuam rei possessionem*, à la personne envers qui on s'est obligé à livrer. Donc si cette personne se trouve déjà en possession à *tout autre titre* (§ 44, ibid.), ou si on a mis la chose en *son pouvoir et à sa disposition*, par exemple, en lui remettant *les clefs* des lieux dans lesquels elle se trouve déposée, pourvu que cette remise s'opère à une faible distance de ces lieux (§ 45, ibid., l. 74, ff. *de contrah. empt. et vend.*), ou bien enfin, si la chose a été placée sous ses yeux (L. 79, ff. *de solut.*), toute autre tradition nouvelle serait entièrement superflue, * et n'ajouterait rien à la puissance de la volonté de celui qui se dessaisissant de la propriété, avec intention de la transférer à un autre, consent à ce que la possession produise cet effet.

Remarquons enfin que la propriété n'était jamais transmise par le seul effet des conventions des parties, et qu'il fallait nécessairement recourir à la tradition pour opérer cette transmission. Les Jurisconsultes Romains avaient fait de ce principe une maxime fondamentale de leur législation : *non nudis pactis, sed traditionibus dominia rerum transferuntur* (L. 20, cod. *de pactis*).

Après avoir ainsi analysé les divers textes des Institutes relatifs à la *tradition*, examinons sous quel rapport on a pu la considérer comme un mode d'acquisition appartenant au droit naturel.

Serait-ce en ce sens que la tradition est nécessaire pour

---

* La plupart des commentateurs sont dans l'usage d'opposer ici la tradition *feinte* à la tradition *réelle.*

D'après eux, il y a 1° tradition de *brève-main*, lorsque celui à qui la chose doit être livrée se trouvant déjà en possession en vertu d'un titre non translatif de propriété, la conserve en vertu d'un titre nouveau translatif de cette propriété ; 2° tradition *symbolique*, toutes les fois qu'on se borne à remettre un *symbole* de la chose à livrer, au lieu de la chose elle-même, par exemple les *clefs* des lieux dans lesquels elle se trouve déposée ; 3° tradition de *longue-main*, dans tous les cas où la chose *est placée sous les yeux* et mise ainsi à la disposition de celui qui doit entrer en possession.

L'École moderne paraît avoir reconnu l'inexactitude en cette matière, ou plutôt l'inutilité de toutes ces distinctions ; aussi n'ai-je pas cru devoir les reproduire (Voyez la dissertation de M. *Ducauroy*, Instit. expliq., t. 1er, p. 311 et suivantes).

transférer la propriété? On le concevrait difficilement, parce qu'il est plus d'une nation chez laquelle les simples conventions suffisent pour opérer ce transport. Il n'est rien d'ailleurs dans la loi naturelle qui exige qu'un nouveau propriétaire ne soit saisi que par la possession; * et il serait au contraire sous ce point de vue plus exact de dire que la tradition est du droit civil.

On ne peut donc, selon nous, classer la tradition parmi les manières d'acquérir *jure naturali*, qu'en mettant ce principe en opposition avec *l'ancien droit civil*, qui ne considérait la tradition comme un moyen d'acquérir, qu'à l'égard de certains biens seulement, c'est-à-dire des choses *nec mancipi*.

Généralisons les observations qui précèdent, et appliquons-les aux trois autres manières d'acquérir dont nous avons déjà parlé, c'est-à-dire à l'occupation, à l'accession et à la perception des fruits.

Pour ce qui est de l'occupation et de l'accession *naturelle*, il ne peut s'élever aucun doute sur leur caractère. Elles émanent l'une et l'autre directement du droit naturel, soit parce que le droit naturel me permet d'acquérir par la possession, et ce qui n'appartient encore à personne, et les accroissements dont la nature gratifie ma propriété, soit parce que mes acquisitions ne supposent le plus souvent aucune perte de la part d'un autre. Quant à la perception des fruits, on peut encore l'expliquer en disant qu'il est de droit naturel qu'un possesseur de bonne foi fasse siens les fruits qu'a produits la chose possédée et que les lois positives de tous les peuples, sur cette matière, sont à peu près uniformes.

Mais n'est-il pas, je le demande, plus difficile de justifier comment l'accession *industrielle*, par exemple, pourrait être considérée sous le même rapport, alors que le droit civil s'est écarté quelquefois en cette matière des préceptes du droit naturel; qu'il y a le plus souvent perte de propriété au préjudice d'une personne, s'il y a acquisition en faveur d'une autre, et que les diverses législations sont loin d'avoir consacré les mêmes théories?

* *Vid. Grotius, de jure belli et pacis.*

TROISIÈME PARTIE.

Des moyens d'acquérir la propriété des choses à titre universel d'après le Droit Civil.

Nous venons d'expliquer comment on acquiert la propriété des choses d'après le Droit Naturel; nous allons maintenant exposer les modes d'acquisition qui dérivent du Droit Civil.

On appelle dans le langage de la jurisprudence modes d'acquisition d'après le *Droit Civil*, ceux qui sont propres à une cité, comme par exemple, la *mancipatio* et la *cessio in jure* chez les Romains. Mais on donne aussi cette qualification aux modes d'acquisition qui connus chez tous les peuples ont été placés d'une manière si immédiate sous l'influence de la loi politique ou civile que chaque nation les a soumis à des principes différents. C'est sous ce dernier rapport que l'on peut appeler modes d'acquisition dérivant du Droit Civil ceux dont nous allons parler.

Avant d'en commencer l'énumération, il convient de remarquer que par les manières d'acquérir du Droit Civil on acquiert tantôt *l'universalité* des droits d'une personne, *per universitatem*, et quelquefois seulement des droits *particuliers* et *limités*, *res singulas*.

Occupons-nous d'abord des modes d'acquérir une universalité de droits.

On lit dans le § 6 du titre 9, livre 2, Inst. *per. quas. pers. cuiq. adquir.* Que dans le dernier état de la législation les Romains connaissaient quatre manières d'acquérir à titre universel, savoir : 1° *l'hérédité, hæreditas*; 2° *la possession de biens, bonorum possessio*; * 3° *l'adrogation, adrogatio*; 4° *l'addictio bonorum, libertatum conservandarum causâ.* Cette troisième partie devra donc se subdiviser en *quatre titres*.

TITRE PREMIER.

De L'HÉRÉDITÉ considérée comme la première manière d'acquérir la propriété des choses à titre universel d'après le Droit Civil.

L'hérédité n'est autre chose que la succession à l'universalité des droits qu'un défunt avait à l'époque de sa

---

* Toutefois la possession des biens dérivait du droit des préteurs, comme nous le verrons plus tard.

mort (L. 62, ff. *de divers. reg. jur. ant.*), car l'héritier succède non-seulement aux biens, mais encore à la personne qu'il continue, et dont il est, pour tous les droits transmissibles de leur nature, l'image vivante dans la société. Or, cette succession à la personne et aux biens du défunt peut être déférée par la volonté de l'homme ou par la volonté de la loi ; la première, prend le nom d'hérédité *testamentaire*, la seconde d'hérédité *légitime* ou *ab intestat*.

Il n'y a lieu à l'hérédité légitime qu'en l'absence de l'hérédité testamentaire, puisque ce n'est qu'à défaut de la manifestation de la volonté expresse de l'homme, que la loi s'occupe de régler la dévolution de ses biens. Nous devons donc parler dans un premier chapitre de l'hérédité testamentaire et dans le second de l'hérédité *ab intestat*.

CHAPITRE PREMIER.

De l'Hérédité Testamentaire.

Les Rédacteurs des Institutes ont consacré plusieurs titres du livre 2 aux développements des règles relatives à l'hérédité testamentaire ; ce sont les titres 10, *de test. ord;* 11, *de milit. test.;* 12, *quib. non est permis. fac. test.;* 13, *de exhæred. liberorum.;* 14; *de hæred. inst.;* 15, *de vulg. substit.;* 16, *de pupill. substit.;* 17, *quib. mod. test. inf.;* 18, *de inoff. testam.;* 19, *de hæred. qualit. et differ.*

Pour établir sur cette matière importante les classifications propres à en faciliter l'intelligence, nous nous écarterons de l'ordre adopté par les Rédacteurs des Institutes et nous ferons rentrer dans trois sections toutes les dispositions législatives que ces titres renferment. Dans une première section nous traiterons de la nature du testament et de ses diverses espèces dans les différentes périodes de la législation ; dans une seconde, des formalités et des conditions nécessaires pour la validité des testaments ; dans la troisième, des causes qui entraînent leur rupture, leur infirmation ou leur rescision.

SECTION PREMIÈRE.

De la nature du Testament, de ses diverses espèces, etc.

Le testament est défini par la L. 1, ff. *qui test. fac. poss.*, *voluntatis nostræ justa sententia de eo quod quis post mortem suam fieri velit.* On peut encore le définir avec le jurisconsulte Ulpien (fragm. tit. 20, ? 1) : *mentis nostræ justa contestatio in id solenniter facta, ut post mortem nostram valeat.*

S'il faut s'en rapporter au procœmium des Instit. tit. 10, *de test. ord.*, l'étimologie du mot *testament* dériverait de la nature même de cet acte solennel destiné à constater nos volontés les plus intimes, *Testamentum ex eo appellatur quod* TESTATIO MENTIS *sit.*

Les expressions générales que l'on peut remarquer dans les deux définitions qui précèdent indiquent suffisamment que, par son testament, le citoyen Romain manifeste ses intentions non-seulement en ce qui touche la disposition ou la distribution de ses biens, mais encore pour tout ce qui l'intéresse dans l'avenir. Le père de famille dictant ses dispositions dernières sous l'influence de la pensée de la mort, exerçant en cela la plus belle des prérogatives attachées à la magistrature domestique, s'occupe de tout ce qui est digne de sa sollicitude. A ceux qui ont bien mérité de lui, il lègue la totalité ou une portion seulement de son patrimoine; à ses descendants qui n'auront pas atteint, à l'époque de sa mort, l'âge de puberté, il choisit le tuteur qui protégera leur enfance; enfin, il donne la liberté à ses esclaves qui ont acquis à ses yeux des titres à ce grand bienfait.

Ces définitions renferment d'ailleurs sous d'autres rapports de nombreuses conséquences que nous aurons le soin de développer dans la suite.

Les formes du testament éprouvèrent successivement à Rome d'importantes variations comme on peut s'en convaincre en consultant les ?? 1, 2 et 3, titre précité des Inst., et surtout les ?? 101 et suivants du comment. 2 des Institutes de Gaius.

Dès l'origine les Romains n'avaient admis que deux manières de tester : l'une était en usage en temps de paix, c'était le testament *calatis comitiis;* et l'autre en temps de guerre, c'était le testament *in procinctu.*

Le testament *calatis comitiis* consistait dans la déclaration faite devant une assemblée spéciale du peuple, réunie en assemblée de Curies (*in calatis comitiis*) que l'on convoquait toutes les fois qu'il s'agissait de délibérer sur les affaires relgieuses, et qui en outre avait lieu deux fois par an. Ainsi le testament s'opérait dans la forme des lois.

Le testament *in procinctu* n'était autre chose que la déclaration faite au moment où les soldats allaient partir pour les armées. On lui avait donné cette dénomination, parce que d'après Gaius (ibid. ? 101), *procinctus, est expeditus et armatus exercitus.*

A ces deux premières espèces de testament s'en adjoignit plus tard une troisième que l'on désigna sous le nom de *testamentum per æs et libram*. Celui qui n'avait pu faire son testament en présence de l'assemblée du peuple, ou en présence de l'armée, s'il était surpris par la mort, donnait à un ami, à titre de *mancipium*, sa famille (*familiam*), c'est-à-dire son hérédité, et le priait en même temps d'exécuter ses dernières volontés. On appela ce testament *per æs et libram* parce qu'il s'opérait au moyen de la mancipation dont nous avons plus d'une fois retracé les formes. — *Quod testamentum dicitur per æs et libram, scilicet quia per mancipationem peragitur* (Gaius, ? 103, ibid.).

Les testaments *calatis comitiis* et *in procinctu* tombèrent l'un et l'autre en désuétude, et dans le temps où Gaius écrivait ses Instituts, on n'avait plus conservé que le testament *per æs et libram*. Ses formes avaient même déjà subi de notables changements. En effet, l'acquéreur de l'hérédité ou celui qui la recevait à titre de *mancipium* de la part du testateur, *familiæ emptor*, était considéré, dès l'origine, comme héritier, et le testateur le chargeait en cette qualité d'exécuter ses volontés dernières. Mais plus tard, ce testament se composa de deux parties, la *nuncupation* et la *mancipation* à un tiers, mancipation que l'on ne conservait plus que par une sorte de déférence pour les traditions anciennes. Dans ce dernier état de choses, le testament avait lieu dans les formes suivantes que nous empruntons au jurisconsulte Gaius. *Eaque res ita agitur : qui facit, adhibitis, sicut in ceteris mancipationibus, V. testibus, civibus romanis, puberibus et lipripendæ, postquam tabulas testamenti scripserit, mancipat alicui, dicis gratia, familiam suam, in qua re his verbis familiæ emptor utitur :* FAMILIAM PECUNIAMQUE TUAM ENDO MANDATAM TUTELAM CUSTODELAMQUE MEAM (RECIPIO EAQUE) QUO TU JURE TESTAMENTUM FACERE POSSIS SECUNDUM LEGEM PUBLICAM, HOC ÆRE, *et ut quidam adjiciunt,* ÆNEAQUE LIBRA ESTO MIHI EMTA; *deindè ære percutit libram, idque æs dat testatori, velut pretii loco. Deindè testator tabulas testamenti tenens ità dicit :* HÆC ITA UT IN HIS TABULIS CERISQUE SCRIPTA SUNT, ITA DO, ITA LEGO, ITA TESTOR, ITAQUE VOS QUIRITES, TESTIMONIUM MIHI PERHIBETOTE; *et hoc dicitur nuncupatio; nuncupare est enim palam nominare; et sanè quæ testator specialiter in tabulis testamenti scripserit, ea videtur generali sermone nominare atque confirmare* (Gai., Inst., comm. 2, ?? 103 et 104).

Ulpien résume toutes ces formalités qui devaient être d'ailleurs accomplies avec unité de contexte (c'est-à-dire sans divertir à d'autres actes), en distinguant comme nous l'avons déjà fait, deux choses bien distinctes dans le testament *per æs et libram*, *familiæ mancipatio et nuncupatio testamenti* (Ulp. fragm., tit. 20 *de test.*, § 9).

Si le testament *per æs et libram* survécut aux testaments *calatis comitiis* et *in procinctu*, il fut à son tour largement modifié par les préteurs, dont les édits n'exigèrent plus pour sa validité les formalités de la mancipation, mais seulement la présence de sept témoins et l'apposition de leurs cachets. Il est vrai qu'un semblable testament ne pouvait déférer l'hérédité proprement dite à l'héritier institué; mais le préteur venait au secours de ce dernier en la lui accordant sous le nom de *possession de biens*, (*bonorum possessio*), Inst., liv. 3, tit. 9, *de bonor. possession.*

Les testaments se trouvèrent enfin placés sous l'influence des constitutions impériales qui prescrivirent la nécessité de la signature du testateur et des témoins. De cette triple fusion des préceptes du Droit Civil, Prétorien et impérial, résulta un droit que l'on appela *tripartit*, *jus tripartitum* (Inst., § 3, ibid.), et les formes du testament se réduisirent dès-lors à l'*unité de contexte* qui descendait du Droit Civil; *au nombre de témoins et à l'apposition de leurs cachets* qui descendaient du Droit Prétorien; *à la signature du testateur et des témoins* qui descendait du droit Impérial.

Avant de développer chacune de ces formalités, il faut remarquer qu'elles n'étaient pas obligatoires pour tous les testaments indistinctement; car Jules César, par des motifs d'une politique habile, en avait le premier dispensé les militaires. Toutefois, ce privilége qui n'était d'abord que temporaire, renouvelé successivement en leur faveur par plusieurs empereurs, devenu définitif dans le dernier état de la jurisprudence, ne s'exerçait que dans le cas et sous les modifications qui suivent.

1° Les militaires étaient dispensés en faisant leur testament de toute espèce de formalité, puisque, d'après le *proœm.* du titre 11 des Inst. *de milit. test.*, on leur permettait de tester comme ils le voulaient ou comme ils le pouvaient, *quomodo velint vel quomodo possint*, * pourvu

---

* L'empereur Constantin nous a donné une juste idée de la liberté illimitée accordée aux militaires pour la confection de leur testament, lorsqu'après avoir parlé des exceptions introduites en leur faveur, il ajoute : *Proindè sicut juris rationibus licuit ac semper licebit, si quid in vaginâ aut clypeo, litteris sanguine suo rutilantibus adnotaverint, aut in pulvere inscripserint gladio suo, ipso tempore quo in prælio vitæ sortem derelinquunt, hujus modi voluntatem stabilem esse oportet* (L. 15 cod. *de test. milit.*).

toutefois qu'ils eussent *l'intention sérieuse* de faire un testament.

2º Cette prérogative leur avait été accordée, soit à cause des périls auxquels ils étaient continuellement exposés, soit à cause de leur ignorance présumée des règles du Droit Civil, *propter nimiam imperitiam* (Ad procem. et §§ 1, 2 et 5, ibid.).— *Arma enim magis quam jura scire milites sacratissimus legislator existimavit*, dit Justinien, dans la l. 22 cod. *de jure deliberand.*

3º Pour jouir de ces exemptions, le testament militaire devait être fait dans le cours d'une campagne, *in expeditionis necessitate.* (Ad procem. Institut., ibid.). Un autre texte du même titre, le § 3, en parlant de ce privilége s'exprime ainsi : *Hactenus hoc illis (militaribus) principalibus constitutionibus conceditur*, QUATENUS MILITANT ET IN CASTRIS DEGUNT.

4º Le testament militaire conservait ses priviléges pendant l'année qui suivait la délivrance du congé accordé au testateur pour une cause honorable.

5º Dans le cas où la condition imposée à l'institution d'héritier ne s'accomplissait qu'après ce délai, le testament n'en était pas moins valable, *jure militari*, si le testateur était décédé dans l'année de la confection du testament, à cause de la rétroactivité de la condition qui remontait au jour de ce décès (§ 3, *ibid.*).

6º Enfin, le testateur ayant fait un testament nul avant d'être inscrit sur les rôles de l'armée, le validait *jure militari*, si dans le cours d'une campagne il lui faisait subir quelques modifications, ou s'il manifestait d'une manière quelconque l'intention de le rendre valable en sa nouvelle qualité de militaire.

Les formalités dont nous allons présenter l'ensemble, ne s'appliquaient donc qu'au testament ordinaire, *testamento paganorum*, c'est-à-dire à celui qui était de droit commun, et qui par cela même n'était pas placé sous les lois exceptionnelles, introduites du temps de Jules-César en faveur des militaires.

SECTION II.

Des formalités et des conditions requises pour la validité des testaments.

Si la volonté seule des militaires, dégagée de toutes formalités, suffit pour constituer leur testament, il n'en est pas de même des testateurs régis par le droit commun. Pour que leur volonté dernière soit respectée, il faut qu'on puisse lui donner le titre de *justa sententia*, c'est-à-dire qu'elle ait été manifestée dans les formes prescrites.

Les Romains, nous l'avons déjà dit, considéraient le testament comme une loi privée. La faction de cet acte solennel, l'un des plus importants de la vie civile, était donc une fraction du pouvoir législatif, et dès-lors les formes dans lesquelles ce pouvoir s'exerçait, et la capacité de ceux qui étaient admis à l'exercer se trouvaient placées dans le domaine du droit public, ainsi que l'atteste un des plus grands jurisconsultes de Rome, le célèbre Papinien, dans la l. 3, ff. *qui test. fac. pos.—Testamenti factio non est juris privati sed publici.*

Parmi les formalités et les conditions que le droit public avait prescrites, les unes ont trait à la validité *extrinsèque*, et les autres à la validité *intrinsèque* du testament. Pour ne pas les confondre, nous diviserons cette section en deux paragraphes.

§ I.

Des formalités requises pour la validité extrinsèque du testament.

Le testament était ou écrit, *scriptum*, ou *nuncupatif*, c'est-à-dire, purement verbal, *nuncupativum*.

I. *Du testament écrit.* — Pour sa perfection extrinsèque, les lois exigeaient dans le dernier état de la jurisprudence, qui se composait, nous l'avons déjà vu, du mélange des préceptes du Droit Civil, du Droit Prétorien et du Droit Impérial, le concours de plusieurs conditions, savoir :

1o *L'écriture.* — Peu importait d'ailleurs qu'il fût consigné sur des tablettes de bois enduites de cire, sur du parchemin ou sur d'autres membranes (§ 12, tit. 10 *de test. ord.*), qu'il eût été écrit de la main du testateur ou d'une main étrangère. L'empereur Justinien avait d'abord ordonné, par une de ces constitutions mentionnée dans le § 4, ibid., que le nom de l'héritier fût écrit de la main du testateur ou de l'un des témoins, mais il abrogea plus tard cette nouvelle formalité par sa Novelle 119. Lorsqu'un testament était parfait, le testateur avait la faculté d'en tirer autant d'exemplaires qu'il le jugeait convenable. (§ 13, tit. *précité de test. ord.*).

2o *La signature du testateur.*

3o *La présence de sept témoins, l'apposition de leurs cachets et de leur signature.* — Tous les témoins pouvaient cacheter le testament avec le même anneau; ils avaient même le droit de se servir d'un anneau étranger. (℔ 5, ibid.).

4° *L'unité de contexte.* — C'est-à-dire que la confection du testament devait avoir lieu sans que le testateur ou les témoins eussent la faculté de l'interrompre pour s'occuper d'actes étrangers, autres que ceux d'une indispensable nécessité : *uno contextu actus testari oportet ; est autem uno contextu nullum actum alienum testamento intermiscere* L. 21, ℔ 3, ff. *qui test. fac. poss.*).

Si le testateur voulait que ses dispositions demeurassent secrètes, il pouvait écrire lui-même son testament ou le faire écrire par une main étrangère : il le présentait à sept témoins, cacheté, clos ou lié, en déclarant qu'il renfermait ses dernières volontés, après quoi il le signait en leur présence ; les témoins le signaient à leur tour et y apposaient leur cachet. Lorsque le testateur ne savait ou ne pouvait signer, on appelait un huitième témoin et l'on se conformait pour le surplus aux formalités dont nous venons de parler et qui devaient toujours être accomplies avec unité de contexte (L. 21, Cod. *de test. et quemadm. testam. ordin.*). Le testament prenait dans ce cas le nom de testament *mystique* ou *secret.* *

II. *Du testament nuncupatif ou verbal.* — Pour la validité du testament purement verbal ou nuncupatif, il suffisait que le testateur eût manifesté de vive voix sa volonté en présence de sept témoins (℔ 14, Inst. *de test. ord.*). On l'appelait *nuncupatif*, *nucupare est enim palam nominare*, ainsi que nous l'a appris le jurisc. Gaius dans le ℔ 104 du comm. 2 de ses Inst.

Les témoins qui assistaient à la confection du testament écrit, et à la nuncupation du testament verbal devaient réunir plusieurs conditions.

1° Ils devaient être citoyens Romains.

2° Il fallait qu'ils eussent été convoqués d'une manière spéciale (*specialite*r *rogati*) pour assister à la confection du testament.

Tous les citoyens Romains n'étaient pas même aptes à y concourir, car on n'accordait ce droit qu'à ceux qui avaient la *faction passive* du testament, c'est-à-dire la capacité de recevoir de la part du testateur. — *Testes au-*

---

* Dans le dernier état de leur jurisprudence, l'omission des formalités du *testament écrit*, ne l'empêchaient pas de produire ses effets vis-à-vis des *descendants* du testateur, pourvu qu'il fût écrit en entier, daté et signé de la main de l'ascendant. Ce testament est connu sous le nom de testament *olographe*. L'empereur *Justinien* s'en est occupé dans sa 107e Novelle.

tem adhiberi possunt ii, cum quibus testamenti factio est (§ 6, Inst. *de test. ord.*). Parmi ceux qui avaient cette faction passive, il en était encore que la nature ou les lois rendaient incapables de remplir ce ministère. On rangeait dans cette classe, 1o les femmes, 2o les impubères, 3o les esclaves, 4o les furieux, 5o les muets, 6o les sourds, 7o ceux à qui le préteur avait interdit l'administration de leurs biens, 8o enfin, tous ceux qui étaient déclarés infames ou incapables de témoigner en justice.— *Quos leges jubent improbos intestabilesque esse* (ibid.).

Les incapacités que nous venons de mentionner étaient *absolues*, c'est-à-dire qu'elles privaient ceux qui en étaient frappés du droit d'assister en qualité de témoins à la faction du testament de toute personne indistinctement. On reconnaissait aussi des incapacités *purement relatives* dont l'énumération se trouve dans les §§ 8, 9 et 10, ibid. On y voit que ces incapacités provenaient ou des liens de famille et de puissance qui unissaient le témoin au testateur ou à l'héritier institué, ou bien de l'intérêt direct et personnel que le témoin avait à la validité du testament, en qualité d'*héritier institué*. Cette dernière considération n'excluait pas cependant le *légataire*, parce que, à la différence de l'héritier institué, il n'était pas *juris successor* (§ 11 ibidem).

Il faut remarquer en outre, avec le § 7 (ibid.), 1o que pour apprécier la capacité d'un témoin, on ne doit avoir égard qu'à son état ou à sa condition à l'époque de la confection du testament; 2o que dans certains cas, la capacité *putative* du témoin tient lieu de capacité *réelle*, lorsqu'une erreur généralement accréditée *error communis*, a fait considérer comme habile à servir de témoin celui qui en réalité n'avait pas toutes les qualités requises.

§ II.

Des conditions nécessaires pour la validité intrinsèque des testaments.

C'est peu que le testateur ait manifesté ses dernières intentions dans les formes que nous venons de tracer, il faut encore, pour la validité de son testament,

1o Qu'il ait eu le droit de tester,

2o Qu'il ait institué un héritier,

3o Qu'il ait institué à titre d'héritier les personnes libres soumises à sa puissance et occupant le premier degré dans sa famille ou qu'il les ait *exhérédées*.

Chacune de ces trois conditions, dont la réunion con-

6

stitue la perfection ou la *solennité interne* du testament, va devenir l'objet d'un article particulier.

ARTICLE 1.

Du droit de tester ou de la faction active du testament.

Lorsqu'on veut apprécier la validité d'un testament, il importe d'examiner d'abord, dit le jurisconsulte Gaius (Inst. comm. 2 , § 114), si celui qui l'a fait avait ou n'avait pas le droit de tester. — *Si quæramus an valeat testamentum, imprimis advertere debemus, an is qui id fecerit, habuerit testamenti factionem.*

Quels sont ceux qui, à Rome, jouissaient de ce droit?

Du principe déjà posé, d'après lequel les Romains considéraient la faction du testament comme un démembrement du pouvoir législatif, il faut induire naturellement cette double conséquence : 1º que ceux-là seulement pouvaient tester, à qui cette faculté avait été accordée; 2º qu'elle avait été refusée à tous ceux qui ne jouissaient pas du droit de Cité. Ainsi les *Latins Juniens*, les *deditices*, les *étrangers* et les *esclaves* étaient incapables de faire un testament. On voit néanmoins dans les frag. d'Ulp., tit. 20, § 16 , que l'esclave public du peuple Romain avait la faculté de disposer par testament de la moitié de ses biens. Quant aux citoyens Romains, devenus momentanément esclaves par le sort des combats, le testament qu'ils auraient fait pendant la durée de leur esclavage était sans aucun doute entaché d'une nullité radicale, qui ne pouvait jamais être réparée, quels que fussent les événements postérieurs. Mais s'ils avaient testé avant de tomber dans l'état de servitude, leur testament était validé, d'après le droit civil, par l'effet de la fiction du *postliminium*, lorsqu'ils rentraient libres dans la cité; et par l'effet de la fiction de la *loi Cornelia* lorsqu'ils mouraient prisonniers chez l'ennemi. En effet, si la fiction du *postliminium* avait pour objet de faire considérer celui qui rentrait dans sa patrie, comme ne l'ayant jamais quittée, d'après la fiction de la loi *Cornelia* le citoyen Romain mort en réalité dans l'esclavage, était censé avoir perdu la vie au moment où il allait être fait prisonnier (*momento captivitatis præambulo*); il était donc réputé mort libre, et par conséquent dans l'intégrité de ses droits civils.

Il ne suffisait pas pour être admis à tester d'avoir la qualité de citoyen Romain. Puisque le testament n'était autre chose qu'une loi privée à laquelle le testateur SOUMETTAIT SON PATRIMOINE, il fallait que le testateur fût capable d'en avoir un; or, l'on sait que dès l'origine les pères de famille avaient seuls des *propriétés*, d'où la conséquence que seuls ils avaient le droit de tester. Les fils de famille qui ne pouvaient posséder aucun patrimoine distinct de celui de leur ascendant, furent dès-lors longtemps privés de la capacité de faire un testament, même avec l'autorisation de leurs ascendants. Ce n'est qu'après l'attribution qui leur fut faite de la propriété de certaines parties de leurs *pécules* qu'ils obtinrent par des faveurs successives la faculté de disposer, d'abord *jure militari* seulement, et plus tard *jure communi*, des biens compris dans leur pécule *castrans* et *quasi-castrans*. (Inst., tit. 12, *quib. non est perm. fac. test.* ad prœœm.).

On appelait pécule *castrans*, celui qui se composait des biens que le fils de famille avait conquis dans les armées, ou dont il avait été gratifié au moment de son départ pour le service militaire; *Castrense peculium est, quod in castris acquiritur, vel quod proficiscenti ad militiam datur* (*Pauli sentent.* tit. 4, § 3), et pécule *quasi-castrans*, celui qui introduit à l'imitation du pécule castrans (*ad exemplum castrensis peculii*) se composait des biens que le fils de famille avait acquis d'abord comme palatin, et successivement d'après les constitutions impériales, comme assesseur, avocat, officier attaché par ses fonctions au préfet du prétoire, ecclésiastique, et enfin dans le dernier état de la jurisprudence comme chargé de fonctions publiques quelconques.

Si, avant l'introduction des pécules castrans et quasi-castrans, les citoyens Romains, pères de famille pouvaient seuls tester, il n'en faut pas conclure que tous ceux qui réunissaient en leur personne cette double qualité et se trouvaient par cela même saisis *du droit* de tester, fussent cependant toujours admis à *l'exercer*. En effet, plusieurs étaient frappés d'incapacités, provenant de causes naturelles ou civiles. Ainsi, les impubères, les insensés, les furieux, le sourd et le muet se trouvaient naturellement incapables de faire un testament. L'incapacité de l'impubère provenait de son défaut de discernement, et ne pouvait être couverte, comme dans les actes ordinaires, par l'autorisation du tuteur; celle du furieux, de l'absence de sa raison; celle des muets et des sourds, de l'impossibilité dans laquelle ils se trouvaient, l'un de prononcer les paroles de la *nuncupation*, l'autre d'entendre celles qui étaient adressées par le *familiæ emptor.* * Toutefois, lors-

---

* Il n'en était pas de même de la femme pubère, qui dans le temps où la tutelle perpétuelle était encore admise, pouvait tester

que les formalités de la mancipation eurent été supprimées, il fut permis aux sourds et aux muets de tester, en
se conformant aux dispositions des lois 7, ff. *qui test. fac.
poss. et* 10 cod. *de test.* Les formalités des testaments des
aveugles sont réglées dans le titre du code *qui test. fac.
poss.*

Il faut remarquer, avec le § 1 du titre précité des Inst.
quib. non est perm. fac. test., que le testament fait par
un testateur sain d'esprit, mais tombé plus tard en état
de fureur, devait recevoir son exécution, comme celui qui
était émané d'un furieux, mais dans un intervalle lucide.

Si ces obstacles qui s'opposaient à l'exercice du droit de
tester étaient fondés, comme on le voit, sur des causes
naturelles, des motifs purement civils avaient aussi fait
priver de la même faculté les *prodigues* privés par le préteur de l'administration de leurs biens. Ils ne pouvaient
tester lorsque le testament s'opérait *per mancipationem*,
parce que tout commerce leur était interdit, *et ob id familiam mancipare non poterant*, dit Ulpien, Fragm., tit.
20 *de test.*, § 13; leur incapacité survécut à la suppression
des formalités de la mancipation.

On trouve encore dans les mêmes Fragm. d'Ulp., § 11,
dans les Sentences de Paul, liv. 4 *de testamen.*, § 2, et
dans les lois 11 et 18, ff. *qui test. fac. poss.*, d'autres
causes d'incapacité purement civiles.

En résumant les observations qui précèdent, on peut
formuler en matière de *faction active* du testament, la
règle suivante qui n'était soumise qu'à un petit nombre
d'exceptions : la faculté de tester était accordée aux citoyens Romains, pères de famille, qu'aucun obstacle naturel ou civil n'empêchait d'exercer ce droit.

Après avoir tracé ainsi la ligne de démarcation qui
sépare les personnes capables de tester des incapables, il
importe d'examiner à quelle époque ceux à qui la loi avait
permis de tester devaient jouir de cette capacité.

Il faut distinguer à ce sujet les règles du Droit Civil,
des dispositions du Droit Prétorien.

D'après le Droit Civil, le testateur doit être capable,
1° *à l'époque de la confection de son testament.* — S'il était
incapable à cette époque, son testament entaché d'un vice
originel ne serait pas validé, parce que le testateur aurait
acquis plus tard la capacité nécessaire. Tel est le sens de
la règle si connue en droit sous le nom de *règle Cato-*

avec l'autorisation de son tuteur (Gai. Inst., Comment. 2, § 113,
Ulp., frag., tit. 20, *de Test.*, § 15).

nienne ; quod ab initio vitiosum est, tractu temporis non potest convalescere (L. 29 ff. *de div. reg. jur. ant.*). Le *proœmium* et le § 1 du tit. 12 précité des Inst. *quib. non est perm. fac. test.*, nous fournissent des exemples propres à faciliter l'intelligence de cette maxime.

2° *A l'époque de sa mort.*

3° *Pendant le temps intermédiaire*, c'est-à-dire celui qui s'écoule entre l'époque de la confection du testament, et celle du décès du testateur.

Il n'en était pas de même d'après le Droit Prétorien, car il suffisait que le testateur eût la capacité aux deux époques extrêmes de la confection du testament et de sa mort. Son incapacité ne nuisait pas à la validité du testament, si elle n'était survenue que dans la période intermédiaire, en ce sens que le préteur aurait accordé la *possession des biens* à l'héritier institué (Inst., tit. 17, *quib. mod. test. inf.* § 6)

Au reste, le texte des §§ 1 et 2 du titre précité *Quib. non est perm. fac. test.* prouve évidemment que la capacité *virtuelle* ou le droit en soi de tester, ne doivent pas être confondus avec *l'exercice* de ce droit ; il suffit que le droit en lui-même et son exercice aient concouru à l'époque de la confection du testament. La seule privation de l'exercice ou plutôt une simple impossibilité *physique*, survenue plus tard, ne vicierait pas un testament valable dès son principe.

ARTICLE **2.**

De l'Institution d'héritier.

L'institution d'héritier, *hœredis institutio*, est la désignation d'une ou de plusieurs personnes appelées à recueillir l'universalité des droits dont le testateur était saisi à l'époque de sa mort et qui sont transmissibles de leur nature. Nous examinerons à ce sujet, 1° quelle était l'importance de l'institution d'un héritier et en quels termes elle devait être faite ; 2° quelles personnes étaient capables d'être instituées et sous quelles modifications il était permis de les instituer ; 3° quelles étaient les règles relatives au partage de l'hédérité, lorsque plusieurs héritiers avaient été institués d'une manière collective ; 5° enfin, l'ordre successif que le testateur pouvait établir dans le choix de ses héritiers.

I. — *Quelle était l'importance de l'institution d'un héritier et en quels termes cette institution devait avoir lieu.*

Les Romains distinguaient dans le testament des dispositions *facultatives* et des dispositions *obligées*.

Le legs et le fidéi-commis, l'affranchissement des esclaves et la nomination d'un tuteur testamentaire, constituaient des dispositions facultatives qu'il était loisible au
testateur de faire ou de ne pas faire sans compromettre le
sort de ses dernières volontés. L'institution d'un héritier,
au contraire, constituait la disposition obligée du testament; elle était la base de toutes les autres dispositions;
*veluti caput atque fundamentum totius testamenti intelli-
gitur hæredis institutio* (Inst., tit. 20 de leg. § 34). A son
défaut, le testament se trouvait frappé de plein droit
d'une nullité radicale et absolue.

Gaius a consigné dans le § 117 de ses Inst., comm. 2,
les formules impératives par lesquelles le testateur devait
instituer ses héritiers. La formule solennelle était celle-ci :
Titius hæres esto. On admettait aussi la suivante : *Titium
hæredem esse jubeo.* En distinguant dans le même § les
formules reçues, de celles que l'usage n'avait pas encore
sanctionnées, ce jurisconsulte prouve combien les principes du Droit étaient rigoureux à cet égard. L'empereur
Justinien s'écarta de cette sévérité, puisque dans la loi 15,
Cod. *de test.* il déclara que l'institution d'héritier serait
valable, quelle que fût la forme en laquelle le testateur
aurait fait connaître son choix, pourvu d'ailleurs que sa
volonté eût été clairement manifestée.

II. — *Quelles personnes étaient capables ou non d'être
instituées, et sous quelles conditions et modifications l'institution pouvait être faite.*

De même que tous les habitants de la cité Romaine
n'avaient pas la capacité de disposer par testament, tous
n'avaient pas également le droit d'être institués héritiers;
car il ne fut accordé qu'aux citoyens Romains seulement.
Mais la *faction active* du testament n'était pas corrélative
à la *faction passive*, puisque tel qui n'aurait pas pu tester
pouvait néanmoins être institué héritier, comme par exemple, le furieux, le muet, l'enfant, le fils de famille, *licet
enim ipsi testamentum facere non possint*, dit le § 4, tit. 19,
Instit. *de hæred. qualit. et diff., attamen ex testamento
vel sibi, vel alii acquirere possunt.*

Si les citoyens Romains étaient seuls habiles à recueillir
une institution, il ne faut pas en induire que l'esclave ne
pût être institué héritier et réciproquement que tous les
citoyens Romains fussent capables de l'être. En effet, on
trouve dans les textes des propositions entièrement contraires. Nous allons les développer.

1re *Proposition.* — Le testateur a la faculté d'instituer
pour héritiers des hommes libres comme des esclaves, ses
esclaves propres comme les esclaves d'autrui. — *Hæredes
instituere permissum est tam liberos homines quam servos*

et tam proprios quam alienos. (Inst., tit. 14. *De hœred. inst.* ad proœm.).

Lorsque le testateur instituait son esclave, *servum proprium*, d'après les anciens principes, il devait l'affranchir en même temps (Gai., Inst. comm. 2, §§ 185, 186, 187); d'après la législation de Justinien, son institution entraînait avec elle l'affranchissement. Si l'esclave institué ne tenait sa liberté que du testament de son maître, il devenait après la mort de celui-ci son héritier *nécessaire*, tandis que s'il était affranchi avant cette époque, il était libre d'accepter ou de répudier l'hérédité et se trouvait alors confondu dans la classe des autres héritiers *externes* (§ 1er, ibid., et §§ 1 et 3, tit. 19. *De hœred. qualit. et diff.*).

Pour instituer valablement son esclave, le maître devait avoir la faculté de l'affranchir. Aussi lisons-nous dans le *proœmium* du titre précité, *de hœred. inst.*, qu'un esclave institué héritier par une femme accusée d'avoir entretenu avec lui un commerce adultérin, et affranchi illégalement avant le jugement du procès en adultère, avait été déclaré incapable de recueillir l'hérédité que cette femme lui avait déférée. — Pendant le temps où l'on admit la distinction du domaine *quiritaire* et du domaine *bonitaire*, le maître qui avait seulement l'esclave *in bonis* ne pouvait pas l'instituer valablement, même en l'affranchissant, ainsi que l'atteste Ulpien, fragm., tit. 22, *Qui hœred. inst. poss.* § 8. Mais il a toujours été permis au maître d'un esclave qui n'avait sur celui-ci qu'un droit de nue-propriété de l'instituer et de l'affranchir, sauf à l'esclave à servir l'usufruitier pendant toute la durée de l'usufruit.

Lorsque le testateur instituait l'esclave d'un autre, *servum alienum*, il fallait que le maître qui acquérait l'hérédité par l'intermédiaire de l'esclave institué eût la capacité de recevoir du testateur; *alienos servos hœredes instituere possumus, eos tantum quorum cum dominis testamenti factionem habemus* (Ulp., ibid. § 9). Toutefois le maître n'était saisi de l'hérédité que par l'effet de l'acceptation de l'esclave de lui autorisé (Inst., tit. 9. *Per quas pers. cuique acquir.* § 3).

Le testateur pouvait instituer encore 1° l'esclave appartenant à un seul maître, comme l'esclave commun à plusieurs (Inst. *de hœred. inst.* § 3), et dans ce dernier cas il acquérait l'hérédité à ses maîtres en proportion pour chacun de son droit dans la propriété de l'esclave; 2° l'esclave qui se trouvait compris *in bonis hœreditatis nondum aditœ;* cet esclave acquérait l'hérédité à lui déférée par le testateur pour celui qui acceptait la succession dont il faisait lui-même partie (§ 2, ibid.).

2° *Proposition.* — Tous les citoyens Romains ne pouvaient pas être valablement institués héritiers, et ceux qui pouvaient l'être ne jouissaient pas d'une capacité absolue. — En effet, on trouve dans les Fragments d'Ulpien, tit. 22, §§ 4, 5 et suivants, et dans les Institutes de Gaius, comm. 2, §§ 274 et suiv., l'énumération des diverses incapacités absolues ou partielles basées sur des causes morales, civiles ou politiques. * Ces incapacités, prononcées comme on le voit par la lecture de ces paragraphes, les unes contre les personnes incertaines, (au nombre desquelles on classait celles qui n'étaient pas encore nées) les municipalités et certains temples consacrés aux divinités du paganisme; les autres par la loi *Voconia* contre les femmes, par la loi *Julia* contre les célibataires, et par la loi *Papia Poppæa* contre ceux dont le mariage était stérile, ne résistèrent pas aux progrès de la jurisprudence et des mœurs. Elles furent supprimées et remplacées par quelques prohibitions semblables, au préjudice des ennemis du christianisme, tels que les hérétiques et les apostats. Au reste, on n'avait jamais confondu avec les personnes *incertaines*, celles que le testateur pouvait connaître sans les avoir jamais vues; celles-ci avaient toujours le droit d'être instituées (Inst., tit. 14. *De hœred. instit.*, § ult.).

Après avoir ainsi distingué les personnes jouissant de la faction *passive* du testament de celles qui en sont privées, nous devons, pour suivre en entier la marche que nous avons adoptée dans l'article précédent où nous avons parlé de la faction *active*, examiner à quelle époque la faction passive doit exister dans la personne de l'héritier institué.

La *faction passive*, ** c'est-à-dire la capacité de recevoir, doit exister :

1° A l'époque de la confection du testament, afin que l'institution soit valable dès son principe, *ut constiterit institutio.*

2° A l'époque du décès du testateur, pour que l'institution produise ses effets, *ut effectum habeat*, et si elle est conditionnelle à l'époque de l'événement de la condition.

3° A l'époque où l'institué fait adition *d'hérédité*, soit qu'il ait été institué purement et simplement, soit qu'il l'ait été sous condition ; *nam jus hœredis, eo maxime tempore inspiciendum est, quo acquirit hœreditatem.*

---

* Nous réservons le développement de ces causes pour nos explications orales.

** J'ai cru pouvoir maintenir les locutions, bien qu'elles ne soient pas dans le langage des textes, en m'autorisant de l'exemple de Cujas.

Il faut donc considérer trois époques différentes, *tria tempora inspici debent*, comme nous l'enseigne le § 4 du titre 19, *de hæred. qualit. et diff.* dans lequel le législateur a tracé les règles que nous venons de poser et dont on ne peut faire raisonnablement l'application qu'aux héritiers *externes;* c'est-à-dire à ceux qui sont maitres d'accepter ou de répudier l'hérédité.

L'institution d'héritier que nous supposerons faite en faveur d'une personne capable de recevoir peut être pure et simple ou conditionnelle, ainsi que l'ont fait pressentir les observations qui précèdent. Mais elle ne peut pas également être faite *à terme, ex certo tempore aut in diem*, en ce sens que si le testateur fixait le temps à partir duquel l'institution produirait ses effets, ou l'époque à compter de laquelle ses effets cesseraient, cette modification serait nulle, et l'institution considérée comme pure et simple à cause du principe : *nemo, nisi miles sit, pro parte temporis intestatus et pro parte testatus decedere potest* (Tit. 14 *de hæred. instit.* § 9).

La *condition* est généralement définie : *adjectio quæ actum suspendit in incertum et futurum eventum*. Parmi les conditions, les unes sont possibles, les autres impossibles. On entend par condition *possible*, celle dont l'accomplissement n'est contraire ni aux lois physiques ni aux lois de la morale ; et par condition *impossible*, celle dont la réalisation répugnerait aux unes ou aux autres de ces lois.

On distingue encore les conditions *affirmatives* des conditions *négatives;* les premières consistent *in faciendo*, les autres *in non faciendo*.

Enfin les conditions possibles se subdivisent en potestatives, casuelles et mixtes.

La condition *potestative*, est celle qu'il est au pouvoir de l'homme d'accomplir ou de ne pas accomplir ; la condition *casuelle*, celle qui dépend du hasard ; la condition *mixte*, celle dont l'accomplissement dépend à la fois de la volonté de celui à qui elle est imposée, et de la volonté d'un tiers ou du hasard.

Ces distinctions posées, demandons-nous quel est l'effet des différentes conditions apposées à l'institution d'héritier.

Si les conditions sont impossibles, *physiquement ou moralement*, soit qu'il s'agisse de conditions affirmatives ou négatives, elles sont indistinctement considérées comme *non écrites*, et l'institution est tout aussi valable que si elle était pure et simple ; *impossibilis conditio in institutionibus et legatis, nec non in fideicommissis et libertatibus,* PRO NON SCRIPTA *habetur* (Inst. *de hæred.*, Inst. § 10).

Nous verrons, en traitant des obligations, qu'une con-

7

dition de même nature apposée dans un contrat, produit un effet tout différent, puisqu'elle le frappe d'une nullité radicale (Inst., l. 3, tit. 20, *de inut. stip.*, § 20).

Si les conditions sont possibles et affirmatives, soit qu'il s'agisse de conditions potestatives, casuelles ou mixtes, le sort de l'institution reste en suspens jusqu'à leur parfait accomplissement. Dans le cas où le testateur en a imposé plusieurs d'une manière *conjonctive*, *si illud et illud factum fuerit*, elles doivent toutes être accomplies, tandis que, s'il ne les a imposées que d'une manière *disjonctive*, *si illud vel illud factum fuerit*, il suffira que l'institué justifie de la réalisation d'une seule. Il faut cependant remarquer, par rapport à la réalisation de la condition *mixte*, qu'en général elle est censée accomplie toutes les fois que l'héritier a fait tout ce qui était en son pouvoir pour procurer son accomplissement (L. 11, ff. *de cond. inst.*).

Enfin, lorsque les conditions sont possibles et négatives, l'héritier institué est *définitivement* héritier, lorsqu'il y a certitude que la volonté du testateur ne sera pas enfreinte. Toutefois, s'il n'a des droits irrévocables qu'à compter de cette époque, il n'est pas privé du droit de demander *provisoirement* la délivrance de l'hérédité immédiatement après le décès du testateur; mais il est obligé de fournir une caution pour garantir, dans l'intérêt des héritiers qui seraient appelés à son défaut, la restitution de l'hérédité dans le cas où la condition viendrait à se réaliser. Cette condition est connue dans la législation Romaine, sous le nom de *caution Mucienne* (L. 79, ff. *de cond. et demonstr.*). *

III. — *De la qualité des héritiers et de leurs différences.*

D'après le *proœmium* du titre 19 *de hæred. qualit. et diff.*, les Romains divisaient les héritiers en trois catégories, savoir les héritiers nécessaires, *hæredes necessarii*, les héritiers siens et nécessaires, *sui et necessarii*, et les héritiers externes, *hæredes extranei*.

1º *Des héritiers nécessaires.* — On appelait héritiers nécessaires les esclaves qui, institués par leur maître, ne tenaient leur liberté que de son testament; *servos ex testamento libertatem simul et hæreditatem habentes.* **

---

* J'examinerai dans mon cours oral l'application qu'il faut faire aux règles que nous venons de poser de la maxime suivante, consacrée par la loi 75, ff. *de cond. et demonst.; dies incertus conditionem in testamento facit.*

** Nous avons déjà vu que s'ils étaient devenus libres avant la mort du testateur, ils étaient assimilés aux héritiers *externes.*

En instituant son esclave, un maître pouvait avoir un double but. Lorsque son patrimoine était obéré, il le faisait passer, par l'effet de l'institution sur la tête de l'esclave, et les créanciers, en le discutant, après l'ouverture de la succession, étaient censés faire vendre plutôt des biens personnels à l'esclave que ceux de son ancien maître, ce qui sauvait ce dernier de l'ignominie attachée à la mémoire de personnes mortes dans l'état d'insolvabilité. Le maître trouvait aussi dans cette institution le moyen d'assurer l'exécution de toutes ses dispositions dernières dont la validité était toujours subordonnée, comme nous l'avons déjà vu à l'institution d'un héritier, *testamenta vim ex institutione hæredis accipiunt*, (Gai., Inst. comment. 2, § 229), et l'institution d'héritier n'est efficace que lorsque la succession est acceptée, *hæreditatem si nemo subit, omnis vis testamenti solvitur* (L. 181; ff. *de div. reg. jur. antiq.*).

La qualification d'héritiers *nécessaires* donnée aux esclaves, dérivait de ce qu'ils se trouvaient saisis *malgré eux* de l'hérédité sans qu'ils eussent besoin de l'accepter. Par une conséquence naturelle de leur qualité, le droit les avait soumis au paiement de toutes les charges héréditaires : mais les Préteurs, dont la mission était d'apporter de justes tempéraments aux dispositions trop rigoureuses du droit civil, vinrent au secours des héritiers nécessaires, en les autorisant à séparer de la masse de la succession, les biens qu'ils auraient personnellement acquis après la mort de leur patron. L'effet de ce bénéfice, connu sous le nom de *beneficium separationis*, que le magistrat accordait à l'esclave lorsque celui-ci le demandait avant de s'être immiscé dans l'hérédité, n'était pas de l'affranchir de la qualité d'héritier, ni des actions que les créanciers pouvaient toujours exercer contre lui jusqu'à concurrence des biens héréditaires, mais seulement de soustraire aux poursuites de ces mêmes créanciers les biens qu'il avait personnellement acquis depuis la mort du testateur (§ 1, ibid.).

2° *Des héritiers siens et nécessaires.* — La seconde classe d'héritiers et celle des héritiers siens et nécessaires, ce sont les institués placés à l'époque de la mort du testateur sous sa puissance et occupant le premier degré dans sa famille. On les appelle d'un côté héritiers *siens*, parce qu'ils sont héritiers *domestiques*, propriétaires, pour ainsi dire, même pendant la vie de leur auteur, des biens composant l'hérédité. Ils la conservent plutôt qu'ils ne l'acquièrent, à cause de la communauté d'intérêts qui existe entre les membres d'une même famille; *sui hæredes ideò appellantur, quia domestici hæredes sunt et vivo quoque patre quodammodo domini existimantur.* D'un autre côté on les appelle héritiers *nécessaires*, parce qu'à l'instar des esclaves, ils ne sont pas libres de répudier l'hérédité : ils sont néanmoins traités plus favorablement que ceux-ci, puisque, d'après les dispositions du Droit Prétorien, tant qu'ils n'ont pas fait acte d'immixtion dans l'hérédité paternelle, ils peuvent être autorisés à s'en abstenir. Ce bénéfice auquel on donna le nom de *bénéfice d'abstention*, *beneficium abstentionis*, plus large que le *bénéfice de séparation*, avait pour résultat de mettre les enfants à l'abri de toute action de la part des créanciers de l'hérédité paternelle, sans les priver de la qualité d'héritier qu'ils pouvaient toujours utiliser : si après le paiement intégral des dettes héréditaires, il restait un excédant quelconque (§ 2, *ibid.*).

3o *Des héritiers externes.* — La troisième classe des héritiers se composait de tous ceux qui n'étaient pas soumis à la puissance du testateur à l'époque de son décès. — *Cœteri qui testatoris juri subjecti non sunt extranei hæredes appellantur* (§ 3, *ibid.*).

A la différence des deux premières catégories d'héritiers dont nous venons de parler, les héritiers externes sont libres d'accepter ou de répudier l'hérédité qui leur a été déférée, et de là on les désignait souvent sous le nom d'héritiers *volontaires* : ils peuvent l'accepter d'une manière *expresse*, par le seul effet de leur volonté, en prenant verbalement ou par écrit la qualité d'héritier, et d'une manière *tacite* en faisant des actes de propriétaire de l'hérédité, *pro hærede gerendo*, car le titre d'héritier est synonyme de propriétaire, *veteres enim hæredes pro dominis appellabant* (§ 7, ibid.).

Pour que l'adition produise tous les effets attachés à la qualité d'héritier, il faut 1o que l'habile à succéder ait eu l'intention de devenir héritier ; 2o qu'il ait su lorsqu'il a fait les actes d'adition que le testateur était mort *testat* ou *intestat* et qu'il était appelé à recueillir sa succession ; 3o que l'adition soit émanée *personnellement* de ceux qui sont appelés à l'hérédité, sauf les exceptions consignées dans les lois 30, ff., *de adqui*, *vel amitt.* 18, cod. *de jure delib.* et 7 ibid., § 3, *de curat. furi.*

De même que l'habile à succéder, soit qu'il ait été institué héritier par testament, soit qu'il ait été appelé par la loi à recueillir une succession ab intestat, peut faire adition d'hérédité *nuda voluntate*, il peut aussi, en manifestant une volonté contraire, *contraria animi destinatione*, répudier l'hérédité qui lui paraît onéreuse, pourvu toutefois que les choses *soient encore entières*, c'est-à-dire qu'il ne soit pas immiscé ou qu'il n'ait pas autrement fait acte d'héritier. En effet, celui qui, une première fois, a fait un acte quelconque entraînant après lui l'adition, n'est pas admis plus tard a répudier cette hérédité, lui fût-elle onéreuse, parce que la qualité d'héritier est de sa nature indélébile, ainsi que nous l'enseigne le jurisconsulte Paul dans ses Sentences, tit. 4. *de inst. hæred.* ? 11 : *Qui se-mel constituit ad se hæreditatem pertinere, aut se rebus ejus immiscuit, repudiare eam non potest, etiamsi dam-nosa sit.* De là cet adage si connu : *semel hæres semper hæres.*

Toutefois le paragraphe 5, du tit. 19 préc. établit deux exceptions à ce principe; la première en faveur des mi-neurs de 25 ans qui peuvent se faire restituer par le Pré-teur contre une adition qui préjudicierait à leurs intérêts, comme dans tous les autres cas où ils sont lésés ; et la seconde en faveur des majeurs de 25 ans, lorsqu'après leur adition ils viennent à découvrir des dettes considéra-bles qui leur étaient inconnues à l'époque où ils ont ac-cepté. Cette seconde exception admise par l'empereur Adrien dans une espèce particulière, à titre de faveur spéciale, fut convertie en règle générale par Gordien, mais dans l'intérêt des militaires seulement.

L'adition et la répudiation de l'hérédité entraînent avec elles les plus graves conséquences. Celui qui devient hé-ritier se soumet par cela seul au paiement de toutes les dettes héréditaires ; même *ultrà vires hæreditatis*, c'est-à-dire, aux dépens de son patrimoine personnel, si les biens de l'hérédité sont insuffisans ; et celui qui répudie renonce à tout l'émolument qu'il aurait pu retirer de la succession. Il importe donc à l'héritier appelé par la loi ou par le testament de ne pas faire inconsidérément son option.

Mais est-il assujetti de faire cette option dans un *délai déterminé ?*

Pour résoudre cette question d'une manière convenable, il faut remonter nécessairement aux anciens principes et distinguer les héritiers institués avec ou sans *crétion.*

1o *Des héritiers institués avec crétion.* — A Rome les testateurs étaient dans l'usage de donner la *crétion* à leurs héritiers, c'est-à-dire de fixer un délai dans lequel ils se-raient tenus d'accepter l'hérédité, faute de quoi ils étaient exclus : *extraneis hæredibus solet cretio dari, id est finis deliberandi, ut intrà certum tempus vel adeant hæredita-tem, vel si non adeant, temporis fine summoveantur ; ideo autem* CRETIO *appellata est, quia* CERNERE *est quasi decer-nere et constituere.* (Gaius, Inst. c. 2 ? 164). On se servait pour la crétion de la formule suivante : après avoir insti-tué l'héritier dans les termes ordinaires TITIUS HÆRES ESTO, le testateur ajoutait; CERNITOQUE IN CENTUM DIEBUS PROXIMIS

QUIBUS SCIES POTERISQUE , QUOD NI ITA CREVERIS EXIIÆRES ESTO.
Si l'héritier voulait dans le laps de temps fixé faire acte
d'adition, il se servait à son tour de cette formule : QUOD
ME PUBLIUS TITIUS TESTAMENTO SUO HÆREDEM INSTITUIT , EAM
HÆREDITATEM ADEO CERNOQUE ; et dans le cas où il n'avait
pas manifesté son intention d'accepter dans cette forme,
il était exclu par la seule expiration du délai, lors même
qu'il aurait fait acte de propriétaire de l'hérédité. Mais
réciproquement il n'était définitivement exclu que lorsqu'il avait négligé de faire sa crétion en temps utile, d'où
la conséquence que la répudiation qu'il aurait faite ne
l'aurait pas lié et qu'il était toujours admis à devenir héritier tant qu'il se trouvait dans le délai. Ce délai était
toujours déterminé; il pouvait être de cent jours, ce qui
n'empêchait pas le testateur d'en fixer un plus long ou plus
court, sauf au Préteur à l'abréger quelquefois lorsqu'il
était plus long.

Malgré que le temps destiné à la crétion fût toujours
déterminé, on distinguait cependant la crétion *vulgaire* de
la crétion *certorum dierum.* Elles étaient différentes et par
leurs formules et par leurs effets, ainsi que l'atteste Gaius
(ibid· ₰₰ 171 , 172 et 173).

2o *Des héritiers institués sans crétion.* — L'héritier testamentaire qui n'avait pas été soumis à la crétion et celui
qui recueillait une succession *ab intestat*, avaient un délai
indéterminé pour délibérer sur leur adition ou leur répudiation, toutes les fois qu'ils n'étaient pas pressés de
prendre qualité. Mais lorsque des héritiers substitués, des
créanciers ou des légataires, tous intéressés à ne pas lais-
ser la succession trop longtemps vacante élevaient des ré-
clamations, le Préteur sur leur demande fixait un délai
dans lequel l'héritier était tenu d'accepter ou de répudier.
Pendant sa durée, toutes les poursuites demeuraient sus-
pendues, et si à son expiration l'héritier n'avait pas fait connaître sa détermination, les créanciers faisaient vendre les
biens héréditaires et les substitués avaient le droit de se
porter héritiers à la place de celui qui était déchu vis-à-
vis d'eux pour n'avoir ni accepté ni répudié. ·

Les crétions furent abolies dans les premières années
du cinquième siècle de l'ère chrétienne, et il n'y eut alors
plus de différence à cet égard entre les héritiers testa-
mentaires et les héritiers *ab intestat* (L. 5, cod. *de jure
delib.*). Les uns et les autres s'adressaient au Préteur
pour obtenir un délai à l'effet de délibérer ; et tous pouvaient accepter l'hérédité, *re et verbis*, sans avoir recours
à des formules particulières, ainsi que nous l'avons déjà
expliqué.

Telle était, avant Justinien, la condition des personnes

habiles à succéder. Ce prince l'améliora sensiblement en introduisant en leur faveur le bénéfice d'inventaire, *beneficium inventarii*, qui produisit les effets suivants : 1° l'héritier n'était assujetti au paiement des dettes et charges héréditaires que jusques à concurence de l'émolument qu'il retirait de la succession (*in quantum valent bona hœreditaria*) sans jamais en être tenu sur ses biens personnels ; 2° il ne confondait pas ses actions avec celles de l'hérédité et demeurait ainsi autorisé, comme tout autre créancier, à réclamer le paiement de ses créances personnelles contre l'hérédité.

Pour jouir de cette faveur, il suffisait à l'héritier de faire procéder dans le délai de 90 jours, ou d'un an, selon que les biens de la succession étaient plus ou moins éloignés, à la confection d'un inventaire exact et régulier de ces mêmes biens. Les formes de l'inventaire et la qualité des personnes qui devaient y assister sont tracées dans la l. 22. c. *de jur. delib.*

L'introduction du bénéfice d'inventaire rendit presque inutile le droit de *délibérer*, *jus deliberandi* ; il fut cependant maintenu avec cette précision que le délai pour délibérer dont la fixation était d'abord abandonnée à l'arbitrage du magistrat, se trouva circonscrit pour l'avenir dans des limites certaines et invariables. Il ne pouvait être de plus de neuf mois lorsqu'il était demandé au magistrat et de plus d'un an lorsqu'il était demandé au prince.

IV. *Des règles relatives au partage de l'hérédité lorsque plusieurs héritiers sont appelés à recueillir en même temps.* — Si le testateur n'a institué qu'un seul héritier, l'hérédité lui est dévolue tout entière, alors même que la portion pour laquelle il est institué serait limitée, parce qu'il est de principe que nul, à l'exception des militaires, ne peut décéder *testat* pour une partie de ses biens et *intestat* pour l'autre partie ; *neque enim ex parte testatus et ex parte intestatus decedere potest, nisi sit miles, cujus sola voluntas in testando spectatur* (Inst. tit. 14, *de hœred. inst.* ₴ 14).

Mais si le testateur, usant du droit incontestable qu'il a de nommer autant d'héritiers qu'il le juge convenable (₴ 4 ibid.), en a institué plusieurs et les a tous appelés à prendre part en même temps à son hérédité, de nombreuses difficultés peuvent surgir relativement au partage. * Il

* L'action en partage accordée au co-héritier contre son co-héritier, est désignée en droit romain sous le nom de *actio familiæ erciscundæ*. Voyez dans le livre 4 des Institutes, tit. 6, *de actionibus*, § 20, et dans le titre 17, *de offic.* Jud. § 4, les règles qui lui sont propres.

importe donc de tracer les règles principales propres à les résoudre.

Le testateur pouvait sans doute diviser son hérédité en autant de portions qu'il le voulait, cependant il la partageait ordinairement en douze fractions égales. On avait donné à chacune de ces fractions le nom d'*once* UNCIA, et la réunion de plusieurs onces ou douzièmes avait aussi reçu une dénomination particulière.

Ainsi on appelait :

2 onces ou	2/12	—	*sextans.*
3 onces ou	3/12	—	*quatrans.*
4 onces ou	4/12	—	*triens.*
5 onces ou	5/12	—	*quincunx.*
6 onces ou	6/12	—	*semis.*
7 onces ou	7/12	—	*septunx.*
8 onces ou	8/12	—	*bes.*
9 onces ou	9/12	—	*dodrans.*
10 onces ou	10/12	—	*dextans.*
11 onces ou	11/12	—	*deunx.*

12 onces ou 12/12 c'est-à-dire l'hérédité entière ou l'unité AS. (Inst. § 5, ibid.).

Si la division en douzièmes était insuffisante, il fallait alors partager l'hérédité en vingt-quatre fractions *transire ad* DUPONDIUM, ou bien selon l'exigence des cas en trente-sixièmes, *transire ad* TRIPONDIUM.

Ces principes posés, examinons les différentes hypothèses qui peuvent se présenter et qui sont d'ailleurs prévues dans les §§ 6, 7 et 8, ibid.

Ou bien le testateur n'a fixé les parts d'aucun de ses héritiers, ou bien il a fixé les parts de tous, ou bien encore il a fixé les parts de quelques-uns sans s'occuper des autres.

Dans la première hypothèse, tous les héritiers partagent entr'eux par portions égales, *satis enim constat*, dit le § 6, *nullis partibus nominatis, ex æquis partibus eos hæredes esse.*

Dans la seconde, il peut arriver que le testateur n'ait pas distribué les douze onces de son hérédité ou qu'il ait distribué plus que les douze onces, et alors il y a lieu en faveur ou au préjudice des héritiers, à une augmentation ou à une diminution proportionnelle à la quotité assignée à chacun d'eux par le testateur.

Dans la troisième, si le testateur distribue moins que les douze onces de son hérédité entre ceux dont il a fixé les parts, ceux dont les portions n'ont pas été assignées prennent ce qui reste pour arriver à l'unité, et, s'il y en a plusieurs, ils partagent ce résidu par portions égales. Si les portions distribuées égalent l'unité ou les douze

onces, ceux dont la part n'a pas été faite, prennent pour
eux la moitié de la succession, que l'on supposera divisée
en vingt-quatre parties. Enfin, si le testateur a excédé l'*as*
en distribuant plus de douze onces, on divise pareillement
l'hérédité en vingt-quatrièmes ou bien en trente-sixièmes ;
les douzièmes distribués sont convertis en vingt-quatrièmes ou trente-sixièmes, et les héritiers dont les parts
n'ont pas été faites prennent après le paiement des portions assignées tous les vingt-quatrièmes ou les trente-
sixièmes restants.

V. *De l'ordre successif qu'il est loisible au testateur
d'établir entre ses héritiers.* — Les règles dont nous venons de parler, sont applicables toutes les fois que plusieurs personnes sont appelées à prendre part à l'hérédité
concurremment et collectivement. Il n'en est pas de même
lorsqu'entre plusieurs institués le testateur a établi divers
degrés en usant de la faculté que le droit lui donne ; *potest
autem quis in testamento suo plures* GRADUS *hœredum facere.* (Inst. tit. 15. *de vulg. subst.* ad proœm.). Les uns ne
sont alors appelés qu'à défaut des autres ; il y a dans leur
vocation un ordre *graduel et successif,* en ce sens qu'il n'y a
jamais concours entr'eux, et que l'adition de l'un exclut
irrévocablement tous ceux qui se trouvent placés à des
degrés inférieurs. Cet ordre *graduel et successif* caractérise
la substitution *vulgaire* dont les règles principales sont ex-
posées dans le titre précité.

Les héritiers appelés au premier degré, prennent le
nom d'*institués,* et ceux qui sont appelés au deuxième
degré ou à des degrés plus éloignés, sont désignés sous le
nom de *substitués ; car substituer vulgairement* c'est conférer à une personne un titre précédemment conféré à une
autre, pour le cas où celle-ci ne voudrait ou ne pourrait
profiter de son droit de priorité. *Hœredes aut* INSTITUTI
dicuntur, aut SUBSTITUTI, dit le jurisconsulte Ulpien
(Fragm. tit. 22, *qui hœred. inst. poss.,* § 23) ; *instituti,
qui primo gradu scripti sunt, substituti, qui secundo gradu,
vel sequentibus scripti sunt.*

Le père de famille avait un grand intérêt à faire des
substitutions, puisque la vocation de plusieurs personnes
appelées les unes à défaut des autres, semblait lui garantir que son hérédité serait acceptée, et qu'il n'aurait pas
dès-lors l'inconvénient de décéder *intestat.* *

* On décède *intestat ,* non-seulement lorsqu'on n'a pas fait testament , ou lorsque le testament que l'on a fait est nul , mais encore
lorsque l'héritier institué a répudié l'hérédité, *intestatus decedit qui
aut omnino testamentum non fecit, aut non jure fecit, aut id quod*

8

Le désir d'augmenter les chances de l'adition de son hérédité, n'était pas le seul motif qui pouvait déterminer le père de famille à faire une substitution. Lorsqu'il instituait pour héritier un de ses descendants, il devait naturellement prévoir le cas où ce descendant viendrait à mourir avant d'avoir acquis l'âge de puberté, et par cela même incapable de faire un testament. Il lui importait alors, en faisant son propre testament, de faire en même temps celui de ce descendant, afin que ni l'un ni l'autre ne mourussent *intestat*. En choisissant ainsi l'héritier de son descendant, le testateur était censé substituer cet héritier à ce descendant lui-même lorsqu'il mourait dans l'âge de pupillarité, et de là on donne à cette institution le nom de *substitution pupillaire*.

Si les mœurs des Romains avaient admis un ascendant à choisir un héritier à ses descendants, lorsque ceux-ci seraient incapables de le choisir eux-mêmes à cause de la faiblesse de leur âge, l'empereur Justinien crut, par analogie de motifs, qu'il fallait accorder ce même privilége à l'ascendant, vis-à-vis de ses descendants même pubères, pour le cas où ceux-ci incapables de tester personnellement, à cause de leur démence, viendraient à décéder sans avoir recouvré l'usage de leur raison. On désigna cette substitution sous le nom d'*exemplaire* ou *quasi-pupillaire*, parce qu'elle avait été introduite à l'imitation de la substitution pupillaire. (Inst. *de pupill. subst.* ? 1.).

On distingua donc trois espèces de substitution : 1º la substitution *vulgaire*, 2º la substitution *pupillaire*, 3º la substitution *exemplaire* ou *quasi-pupillaire*. Nous allons tracer succinctement les règles principales propres à chacune d'elles, en faisant remarquer préalablement que la substitution *vulgaire* mérite seule le nom de substitution proprement dite, parce que, 1º dans cette substitution l'adition de la part de l'institué exclut définitivement le substitué; 2º le substitué recueille directement l'hérédité du testateur et ne recueille que cette hérédité; 3º l'adition de la part du substitué suppose nécessairement que l'institué n'a jamais été saisi, tandis que dans les substitutions *pupillaire* et *exemplaire*, le substitué à l'impubère ou au pubère frappé de démence recueille directement et immédiatement l'hérédité de l'institué composée de l'hérédité du testateur et des biens personnels de l'institué, et celle du testateur d'une manière indirecte et médiate seulement,

---

fecerat, ruptum irritumve factum est, aut nemo ex eo hæres extitit. (Institutes, liv. 3, t. 1, *de hæredit. quæ ab intest. def.* ad procem.).

et que d'un autre côté l'adition du substitué a lieu après celle de l'institué, qui a été lui-même saisi d'un patrimoine dont il n'a pu personnellement disposer.

De la substitution vulgaire. — La substitution vulgaire avait lieu dans la forme suivante. Après avoir substitué un héritier, *Titius hæres esto*, le testateur ajoutait : ET SI ILLE HÆRES NON ERIT, ILLE HÆRES ESTO : cette substitution appelée vulgaire *vulgaris*, parce qu'elle était la plus ordinaire, était régie par les principes suivants :

1º Le testateur pouvait établir autant de degrés de substitution qu'il le jugeait convenable et appeler au dernier degré son esclave qui devenait, comme on l'a déjà dit, héritier nécessaire, précaution qui garantissait dès-lors au testateur qu'il ne décéderait pas *intestat*.

2º Plusieurs héritiers pouvaient être substitués à un seul, un seul à plusieurs, un seul à un seul, enfin ils pouvaient tous être substitués réciproquement les uns aux autres, ce qui caractérisait la substitution *réciproque*.

3º Lorsque le testateur avait institué plusieurs héritiers en des portions inégales, s'il les avait substitués réciproquement les uns aux autres sans déterminer la manière dont les portions des héritiers défaillants seraient partagées, ces portions devaient être partagées entre les substitués, proportionnellement aux parts qui leur avaient été assignées dans l'instituton, *nullâ mentione partium in substitutione factâ, eas videtur in substitutione partes dedisse testator quas in institutione expressit* (Inst. tit. 15, de vulg. subst. ? 2).

4º Lorsqu'entre deux institués, le second a été substitué au premier, un troisième qui n'aurait été substitué qu'au second seulement serait néanmoins censé substitué au premier. De là cet adage si connu en cette matière : *substitutus susbtituto intelligitur substitutus instituto* (? 3, ibid.).

En lisant les ?? 174 et suiv. du comment. 2 des Institutes de Gaius, on voit que *la crétion* (dont nous avons déjà exposé le caractère et l'objet) exerçait une grande influence sur le sort des substitutions et qu'il y avait une différence sensible dans les effets de la crétion qu'Ulpien appelle *imparfaite, cretio imperfecta*, et ceux de la crétion ordinaire (Ulp. frag., tit. 22, ? 33).

De la substitution pupillaire. — La substitution pupillaire avait lieu dans la forme suivante. Après avoir institué son descendant pour son héritier dans les termes accoutumés : TITIUS FILIUS MEUS HÆRES MIHI ESTO, le testateur ajoutait : ET SI FILIUS MEUS HÆRES NON ERIT, SIVE HÆRES ERIT, ET PRIUS MORIATUR QUAM IN SUAM TUTELAM VENERIT, tunc Sejus hæres esto (Inst. tit. 16, *de pupill. substit. ad procæm.*).

On voit par cette formule que l'ascendant commençait par substituer *vulgairement* à son descendant pour le cas où il ne serait pas héritier, et que prévoyant le cas où après avoir recueilli l'hérédité il viendrait à mourir avant l'âge de puberté, il lui substituait *pupillairement*.

Les notions qui précèdent sur la nature des diverses espèces de substitutions, prouvent que si tout testateur pouvait substituer vulgairement à tout institué, il n'en était pas de même dans la substitution pupillaire. En effet, les ascendants avaient seuls le droit de substituer à leurs descendants impubères pour le cas où ceux-ci viendraient à mourir avant l'âge de puberté. Nul autre qu'eux, en instituant un impubère pour héritier, ne pouvait lui substituer une autre personne dans le cas où il viendrait à mourir dans un temps donné après avoir recueilli l'hérédité. Le fidei-commis était le seul moyen dont on pouvait user pour parvenir à un semblable résultat (₂ 19, ibid.).

Le droit des ascendans était le même à l'égard de tous leurs descendants sans distinction de sexe ou de degré, vis-à-vis de ceux qui étaient déjà nés comme des posthumes, des institués, comme de ceux qui avaient été exhérédés, enfin de tous collectivement comme de celui seulement qui mourrait le dernier avant d'avoir atteint l'âge de puberté, pourvu que, dans tous les cas, les descendants fussent placés sous la puissance du testateur et qu'après sa mort ils ne dussent pas tomber sous la puissance d'un autre (Ad. procæm. et ₂₂ 4, 6, 7 et 8, Instit. ibid.).

Si l'ascendant substituait au descendant exhérédé, le substitué ne recueillait alors que les biens advenus à l'institué d'un autre chef que celui du testateur (₂ 4 ibid.).

La substitution pupillaire pouvait avoir lieu nominativement ou d'une manière générale, *nominatim aut generaliter* (₂ 7, ibid.); elle supposait deux testaments dans un seul, d'abord le testament de l'ascendant qui instituait son descendant pour héritier, et le testament de l'impubère qui était à son tour censé se choisir un héritier par l'organe de son ascendant.

Enfin, elle ne pouvait jamais avoir lieu d'une manière principale, en ce sens qu'elle était une portion *intégrante*, quoique *accessoire* du testament de l'ascendant, qu'elle ne pouvait subsister par elle-même, si ce dernier n'avait pas testé personnellement et que son sort était intimement lié à celui de l'institution; *pupillare testamentum pars est et sequela paterni testamenti* (Inst., ₂ 5, ibid.).

Cette substitution s'éteignait naturellement et de plein droit;

1º Lorsque le descendant institué avait atteint l'âge de puberté;

2º Lorsqu'il était mort avant l'ascendant;

3º Toutes les fois qu'il avait éprouvé une diminution de tête, soit avant, soit après la mort de l'ascendant.

Les substitutions pupillaires pouvaient être très-dangereuses pour les fils de famille, à cause de l'intérêt que le substitué avait à ce qu'ils mourussent dans l'âge de pupillarité. Aussi le ? 3, ibid, conseillait-il aux testateurs de prendre des mesures pour tenir de pareilles substitutions secrètes et préserver leurs enfants des périls que pourrait leur susciter la cupidité des substitués. Il paraît que ces mesures étaient généralement suivies au temps de Gaius, comme on le voit dans le ? 181 du comm. 2 de ses Institutes.

De la substitution exemplaire ou quasi-pupillaire. — D'après ce que nous avons déjà dit, la substitution exemplaire avait la plus grande analogie avec la substitution pupillaire. Elles étaient, pour ainsi dire, soumises à des règles identiques, sauf que la substitution exemplaire pouvait émaner d'un ascendant qui n'avait pas le droit de puissance paternelle sur l'institué, et que le testateur était obligé de prendre les substitués d'abord parmi les enfants de l'insensé, et à défaut d'enfants parmi ses frères, car ce n'était qu'en l'absence de ces membres de la famille qu'on lui avait permis de substituer un étranger. (L. 9, Cod. *de impub. subst. et aliis*).

ARTICLE 3.

De l'Exhérédation.

Lorsque le testateur n'a point des héritiers *siens*, c'est-à-dire des personnes libres placées sous sa puissance et occupant le premier degré dans sa famille, il est entièrement libre dans le choix de ses héritiers; mais dans le cas contraire, il est obligé de déférer son hérédité ou plutôt de la maintenir par une institution aux héritiers *siens*, ou tout au moins de les exhéréder, c'est-à-dire, de leur enlever une qualité dont ils sont censés saisis. *Qui filium in potestate habet, curare debet ut eum instituat, vel exhæredem eum nominatim faciat* (Inst., tit. 13, *de exhæred. liber.* ad procem.).

S'il méconnaît cette obligation, c'est-à-dire, s'il ne les institue ni ne les deshérite, son *omission* ou *prétérition* entraîne de plein droit la nullité de son testament; *alioqui si eos silentio præterierit inutiliter testabitur* (Ibid.). Il est donc facile de comprendre pourquoi nous avons classé *l'exhérédation* au nombre des solennités requises pour la validité intrinsèque du testament. Les lois romaines exigeaient impérieusement l'accomplissement de cette condition, afin qu'on ne pût pas mettre en doute la question de savoir si le testateur avait voulu exclure réellement les héritiers siens, ou bien si on pouvait seulement lui reprocher de n'avoir pas songé à eux, soit qu'il les eût oubliés, soit qu'il n'eût pas connu leur existence.

Tous les descendants héritiers * siens devaient-ils être indistinctement deshérités et en qu'elle forme devaient-ils l'être? Tous les ascendants étaient-ils tenus, sous peine de nullité de leur testament, d'instituer leurs descendants? Telles sont les deux questions posées et résolues par l'ensemble des dispositions du titre précité.

Avant d'entrer dans l'examen de la première question, il convient de rappeler ce principe déjà développé, qu'un testament doit être valable à l'époque de sa confection et à l'époque du décès du testateur, et de distinguer les règles de la législation antérieure à Justinien de celles qui furent admises par la législation de ce Prince.

1º *De la législation antérieure à Justinien.*—Tout testament doit être valable à l'époque de sa confection et le vice originel dont il serait frappé ne peut être plus tard réparé. De là il suit naturellement que le testateur qui a des héritiers siens actuellement existants à l'époque où il a fait ses dispositions dernières, est tenu de les instituer ou de les deshériter à peine de nullité de son testament, et que cette nullité ne serait pas couverte par cela seul que l'enfant prétérit viendrait à mourir avant le testateur. **

Toutefois le mode d'exhérédation des héritiers siens existants à l'époque du testament n'était pas le même, car les enfants mâles du premier degré devaient être exhérédés *nominativement*, *nominatim*; en d'autres termes, il fallait que le testateur, en les exhérédant, les désignât

---

* Les Institutes ne parlent que des *descendants*, parce qu'à l'époque où elles furent composées les descendants étaient seuls *sub patria potestate*, mais lorsque la *manus* était en vigueur, une femme *in manu mariti* se trouvait placée au nombre des héritiers *siens*, et les principes de l'exhérédation lui devenaient par cela même applicables. (Gaius, Instit., com. 2, § 159).

** Les Proculéiens avaient émis l'opinion que la survivance du testateur au descendant prétérit devait effacer le vice résultant de la prétérition. En adoptant la négative, Justinien a sanctionné la doctrine des Sabiniens (Gaius, Inst, c. 2, § 123).

par leur nom propre lorsqu'il en avait plusieurs, tandis qu'il suffisait à l'égard des filles ou des petits-enfants de les exhéréder d'une manière *collective* (*inter cæteros*), c'est-à-dire d'ajouter après l'institution de l'héritier ces mots : CÆTERI EXHÆREDES SUNTO.

Si la prétérition des enfants mâles au premier degré entraînait la nullité radicale du testament, l'omission des filles et des descendants d'un degré inférieur ne l'infirmait que partiellement, et l'on se bornait à donner à ces descendants prétérits la moitié de l'hérédité à titre d'accroissement, lorsque les héritiers *externes* avaient été institués, et une portion virile, si l'institution avait eu lieu en faveur d'héritiers *siens* (Gaius, ibid, § 124).

Le testament valable dès son origine, doit conserver, avons-nous dit, sa perfection jusqu'au décès du testateur ; donc si des héritiers siens qui n'existaient pas à l'époque du testament survenaient postérieurement, leur survenance ou plutôt leur *agnation* entraînait la rupture du testament régulier dès son principe.

Lorsque les héritiers siens survenaient au testateur après la confection de son testament mais avant sa mort (ce qui avait lieu, par exemple, si pendant cet intervalle, un petit-fils montait au premier degré dans la famille de son aïeul testateur, à cause du prédécès de son père), la rupture qu'ils opéraient était sans doute inévitable, puisque le testateur n'avait pu les exhéréder d'avance, c'est-à-dire leur enlever un titre dont ils n'étaient pas encore saisis ; mais il pouvait facilement paralyser les inconvénients de cette rupture en faisant un *testament nouveau*.

Lorsque les héritiers siens survenaient au testateur après sa mort, leur agnation entraînait également la rupture du testament, parce que l'enfant légitime est censé né dès le moment de sa conception : cette rupture était inévitable comme la première, avec cette différence néanmoins qu'il n'était pas possible d'en éviter les inconvénients, puisqu'elle avait lieu à une époque où le testament ne pouvait plus être renouvelé. La sévérité de ces principes devenait donc hostile à la validité des testaments, et les Prudens furent les premiers qui, par leurs réponses sanctionnées bientôt par l'usage autorisèrent le testateur à exhéréder les enfants qui naîtraient après sa mort, c'est-à-dire, les *Posthumes*.

Cette jurisprudence nouvelle était fondée sur la considération suivante dont la gravité ne pouvait être méconnue ; *ne scilicet diligenter facta testamenta eo tempore rescinderentur, quo renovari non possunt.*

Le même motif n'existait pas pour les héritiers qui survenaient après la confection du testament, mais avant la mort du testateur et que l'on désignait sous le nom de *quasi-posthumes* (*posthumorum loco*), parce que le testateur avait la faculté de refaire son testament. Aussi les Prudens ne lui accordèrent pas vis-à-vis d'eux le même privilége, mais il l'obtint plus tard d'une loi spéciale connue sous le nom de loi *Julia Velleya*, dont les dispositions permirent d'exhéréder d'avance les *quasi-posthumes comme les Posthumes*. *

Les modes d'exhérédation des *posthumes* et des *quasi-posthumes* variaient selon leur sexe comme l'exhérédation des enfants *déjà nés*; car les posthumes et les quasi-posthumes mâles devaient être exhérédés d'une manière nominative, c'est-à-dire dans la forme suivante : QUICUMQUE FILIUS MIHI GENITUS FUERIT, EXHÆRES ESTO.

Quant aux posthumes et quasi-posthumes du sexe féminin, il était permis de les exhéréder d'une manière collective, pourvu que dans ce cas on leur laissât un legs, *ne viderentur præteritæ* (*feminæ*) *per oblivionem*.

Ainsi en résumé le sexe ou le degré des héritiers *nés ou à naître* exerçait une grande influence sur le mode de leur exhérédation et sur les effets que produisait leur prétérition.

Exhéréder un descendant, c'est lui enlever la qualité d'héritier, dont il est déjà censé saisi. D'un autre côté on ne donne la qualité d'héritier *sien* qu'à ceux qui sont placés sous la puissance immédiate du testateur; donc le Droit Civil avait dû déclarer qu'il n'était pas nécessaire au testateur d'exhéréder ses descendans émancipés. S'ils pouvaient obtenir les biens délaissés par le défunt, ce n'é-

---

* Au nombre des *quasi-posthumes*, on peut encore classer l'enfant naturel qui aurait été *légitimé*, l'étranger qui aurait été *adopté* ou *adrogé*, et la femme qui serait tombée *in manu mariti* après la confection du testament. La quasi-agnation des uns et des autres produisait la rupture du testament. Mais la loi Julia Velleya dont les dispositions permirent d'exhéréder d'avance les quasi-posthumes qui se trouvaient dans la famille du testateur et dont l'*agnation naturelle* pouvait être facilement présumée, n'avait pas autorisé le testateur à exhéréder d'avance les quasi-posthumes que nous venons de citer, qui étaient d'abord étrangers à la famille du testateur et dont il n'était pas naturel de prévoir l'agnation. Gaius, Inst. comm. 2, § 140, en donne cette raison que *l'on ne pouvait leur enlever d'avance une qualité dont ils n'étaient pas saisis à l'époque de la confection du testament.* Mais cette raison n'existait-elle pas vis-à-vis des quasi-posthumes qui provenaient de la famille? Et n'est-il pas alors plus probable que si la loi Velleya avait laissé subsister entr'eux cette différence, c'est parce que l'agnation des uns était *naturelle* et l'autre purement *civile*?

tait qu'en s'adressant au préteur qui leur accordait *Bonorum possessionem contra tabulas testamenti*. Mais si les descendants émancipés n'étaient pas sous certains rapports traités aussi favorablement que les enfants qui étaient encore *sub potestate*, une égalité parfaite régnait entre les enfants naturels et les enfants adoptifs, conformément au principe que les enfants adoptifs, tant que dure l'adoption, ont les mêmes droits que les enfants naturels.

2° *De la législation de Justinien.* — Telles étaient les distinctions qu'avait admises, par rapport aux formalités de l'exhérédation et aux effets de la prétérition, la jurisprudence antérieure au règne de Justinien. Ce prince les supprima en promulguant des dispositions aussi simples que conformes à l'égalité qui doit régner entre tous les descendants d'un même père. En effet par sa constitution mentionnée dans le ? 5 ibid, il ordonna que tous les enfants sans aucune distinction entre les mâles et les filles, les posthumes et les quasi-posthumes comme ceux qui seraient déjà nés à l'époque de la confection du testament, les enfants émancipés comme ceux qui seraient encore engagés dans les liens de l'autorité domestique, fussent institués héritiers par leurs auteurs ou deshérités nominativement à peine de nullité du testament. Quant aux enfants adoptifs ils ne devaient être institués ou exhérédés sous la même peine, que lorsqu'ils étaient passés dans la famille de leurs ascendants par l'effet de l'adoption que nous avons appelée parfaite. Cette dernière précision devint une conséquence naturelle des modifications que Justinien lui-même avait apportées aux effets de l'adoption.

Pour résoudre la deuxième question, c'est-à-dire celle de savoir si tous les ascendants étaient tenus d'instituer ou d'exhéréder leurs descendants, il suffit de remarquer que l'exhérédation ne pouvant avoir lieu que vis-à-vis des héritiers siens, on avait dû nécessairement en déduire cette conséquence que la mère et les ascendants maternels étaient dispensés de remplir cette formalité. Toute prétérition émanée d'eux était considérée comme une exhérédation tacite, et de là cet adage consigné dans le ? 7, ibid : *Silentium matris aut avi materni et cæterorum per matrem ascendentium tantum facit quantum exhæredatio patris*.

L'effet de l'exhérédation expresse et régulière de la part des ascendants paternels était donc de valider le testament qui la renfermait, et telle était la rigueur du principe qui autorisait le père de famille à disposer de son patrimoine de la manière la plus absolue, que les descendants restaient sans aucun recours contre une exhérédation arbitraire : mais la jurisprudence postérieure

9

à la loi des XII Tables permit à ceux qui avaient été deshérités sans motif légitime par leurs ascendants paternels,
ou injustement prétérits par leurs ascendants maternels,
d'attaquer le testament par la plainte *d'inofficiosité* dont
nous parlerons dans le chapitre suivant. La nature et la
raison ne s'opposent-elles pas en effet à ce qu'un ascendant prive ses descendants de tout droit à sa succession
sans cause légitime ?

CHAPITRE III.

Des différentes manières dont les testaments sont infirmés ou rescindés.

Le testament qui n'est pas revêtu de toutes les formalités que nous avons énumérées dans le chapitre précédent est nul et ne saurait produire aucun effet. Lorsqu'au
contraire il y a eu concours de toutes ces formalités, il
est valable tant qu'il n'est pas rompu ou qu'il ne devient
pas inutile. *Testamentum jure factum usque eo valet, donec
rumpatur, irritumve fiat* (Inst., tit. 17. *Quib. mod. test.
infir. ad proœm.*). *

Quelquefois encore le testament qui n'a pas été rompu
ou qui n'est pas devenu inutile est rescindé comme inofficieux; ainsi nous avons à examiner successivement, 1°
les causes de rupture des testaments; 2° les causes qui les
rendent inutiles; 3° les cas dans lesquels ils sont rescin-
dés par suite d'une plainte d'inofficiosité.

? I.

Des causes de rupture des Testaments.

Il y a rupture du testament, lorsque son infirmation
arrive par un motif étranger à l'état et à la capacité du

---

* Les jurisconsultes de Rome avaient donc cru devoir, pour éviter
toute confusion, distinguer chaque cause de nullité par des dénominations particulières, *singulas causas, singulis appellationibus
distinguere* (Inst. § 5, *in fine*, ibid.).

Pour compléter la nomenclature de ces différentes dénominations,
nous ajouterons :

On désignait 1° par *testamentum nullum* celui qui était vicié par
l'absence de quelques conditions ou formalités intrinsèques;

2° Par *testamentum imperfectum sive injustum* celui qui était
nul par l'absence des formalités *extrinsèques*;

3° Et par *testamentum destitutum* celui qui restait sans exécution par la non addition de l'héritier institué.

testateur, *Rumpitur autem testamentum, cum in eodem statu manente testatore, ipsius testamenti jus vitiatur* (§ 1er ibid.). Cette rupture s'opère par la survenance ou l'agnation d'un héritier sien posthume ou quasi-posthume, ainsi que nous l'avons déjà expliqué en parlant de l'exhérédation.

Le testament est encore rompu par un testament postérieur revêtu des formalités prescrites par le Droit, *posteriore quoque testamento, quod jure perfectum est, superius rumpitur.* C'est en effet, un principe constant dans la législation romaine, qu'un testateur conserve toujours la faculté de révoquer son testament, que deux testaments ne peuvent jamais concourir et que le testament postérieur entraîne nécessairement la rupture du testament antérieur, alors même que l'héritier institué dans le second ne voudrait ou ne pourrait recueillir l'hérédité. Ainsi, dit le jurisconsulte Gaius, si l'institué dans le testament postérieur d'ailleurs valable, a répudié l'hérédité, s'il est mort à la survivance du testateur ou après le testateur mais sans avoir fait acte d'adition, ou bien s'il a été exclu de l'hérédité par l'effet de la crétion, si la condition sous laquelle il a été institué a défailli, enfin si à cause de sa qualité de célibataire il a été privé de l'hérédité en vertu de la loi *Julia*, dans tous ces cas le testateur meurt *intestat* malgré qu'il ait testé deux fois, car le premier testament a été rompu par le second, et le second reste lui-même sans effet (Gaius, Inst. comm. 2, § 144).

Alors même que l'héritier institué dans le second testament ne l'a été que pour une portion de biens limitée, *ex certis rebus*, il n'en a pas moins le droit d'appréhender l'hérédité toute entière, et le premier testament n'en est pas moins rompu conformément à cette maxime dont nous avons déjà parlé : *nemo potest pro parte bonorum testatus, et pro parte intestatus decedere.*

Cette décision en harmonie avec les règles générales du Droit fut consacrée par une constitution spéciale des empereurs Sévère et Antonin, ainsi que nous l'enseigne le § 3 des Instit. de Justinien, *ibid.* Que si cependant le testateur en faisant le second testament avait déclaré qu'il confirmait expressément le premier, il faudrait, tout en reconnaissant même dans ce cas particulier la rupture du premier testament, obliger l'héritier institué dans le second à restituer, à titre de fidéi-commis, l'hérédité aux institués par le premier et l'autoriser seulement à retenir pour lui le quart de cette hérédité, par application des principes de la loi *Falcidia* dont nous parlerons plus tard.

§ II.

Des causes qui rendent le testament inutile.

Si la *rupture* du testament est étrangère à l'état du testateur, son *inutilité* dérive au contraire d'un changement qui s'est opéré dans cet état. Nous avons déjà posé plusieurs fois ce principe que le testateur devait avoir la capacité de tester, même d'après la législation prétorienne, à l'époque de la confection du testament, et à l'époque de son décès. Il faut donc en conclure, 1° qu'un testament valable dès son origine deviendra plus tard inutile *irritum fiet*, si le testateur a été privé de la capacité de tester au moment de sa mort; 2° que si le testateur a recouvré avant de mourir la capacité dont il n'a été privé que dans la période intermédiaire qui s'est écoulée entre la confection du testament et sa mort, l'héritier institué pourra demander au Préteur la possession des biens *secundum tabulas testamenti* (§ 6 , ibid.).

§ III.

De la rescision du testament par suite de la plainte d'inofficiosité.

Le testament *rompu* ou devenu *inutile* est de plein droit privé de tous ses effets sans qu'il soit besoin de recourir à l'autorité du juge pour faire déclarer sa rupture ou sa nullité; il n'en est pas de même lorsqu'il est attaqué comme *inofficieux*, car il subsiste jusqu'à ce que la rescision en ait été légalement prononcée par le magistrat. Nous examinerons à cet égard, 1° ce qu'on entend par un testament inofficieux et la nature de l'action autorisée par le droit pour le faire rescinder en cette qualité ; 2° quelles sont les personnes admises à demander cette rescision ; 3° quelles sont les conditions nécessaires pour que cette demande soit accueillie ; 4° enfin les effets que produit la rescision du testament argué d'inofficiosité.

I.—*Du testament inofficieux*, etc., etc. — On appelle en droit inofficieux , *factum contra officium pietatis*, le testament qui, d'ailleurs conforme en tous points aux règles du Droit, est néanmoins contraire aux devoirs que les liens du sang, l'affection et la reconnaissance imposent à certaines personnes, INOFFICIOSUM *dicitur testamentum quod frustra liberis exhæredatis, non ex officio pietatis videtur esse conscriptum* (Sentences de Paul, tit. 5, *de inoff. quereld*, § 1). Ainsi les descendants injustement *exhérédés* par leurs ascendants paternels ou injustement *prétérits* par leurs ascendants maternels furent admis par le Droit postérieur à la Loi des XII Tables à se plaindre de l'inofficiosité d'un semblable testament. Ils exerçaient cette action d'une manière détournée au moyen d'une fiction, à l'aide de laquelle ils prétendaient que leur auteur n'était pas sain d'esprit lorsqu'il avait testé, *hoc colore quasi non sanæ mentis fuerit cùm testamentum ordinaret* (Inst. tit. 18, *de inoffic. test. ad proœm.*). Ce n'est qu'une *fiction*, ajoute le même texte, parce que si le testateur eût été en réalité privé de sa raison, son testament serait nul de plein droit. — Mais si les descendants n'étaient autorisés qu'avec la plus grande réserve à se plaindre du testament de leurs ascendants, il faut reconnaître qu'ils ne pouvaient en retour être privés de cette faculté par aucune renonciation que l'on aurait d'avance obtenue d'eux. Le jurisconsulte Paul en donne cette raison éminemment morale : *Meritis enim liberos, potius quam pactionibus adstringi placuit* (Sentences. Ibid., § 8).

II — *Des personnes admises à former la plainte d'inofficiosité.* — Le droit de se plaindre pour cause d'inofficiosité n'est pas accordé seulement aux descendants légitimes (naturels ou adoptifs, pourvu que relativement à ces derniers il s'agisse, sous la législation de Justinien, d'une adoption parfaite), il est encore attribué aux ascendants à l'égard du testament de leurs descendants, et aux frères et sœurs à l'égard du testament fraternel. — Les frères et sœurs agnats furent longtemps seuls admis à l'exercer : plus tard lorsque Justinien eût supprimé le droit d'agnation, les frères et sœurs utérins participèrent comme les germains et les consanguins au bénéfice de la plainte d'inofficiosité.

Toutefois les frères et sœurs n'en jouissent qu'avec la plus grande restriction puisqu'ils ne sont fondés à l'exercer que dans un cas spécial, celui où le testateur leur aurait préféré une personne dont le choix n'est pas honorable, *turpibus personis scriptis hæredibus* (§ 1er ibid.); les dernières expressions de ce paragraphe prouvent évidemment que le même privilége est refusé à tous les collatéraux autres que le frère ou la sœur.

III. — *Des conditions nécessaires pour que la plainte d'inofficiosité soit accueillie par le magistrat.* — La plainte d'inofficiosité, *querela inofficiosi testamenti*, qui renfermait une espèce d'injure envers la mémoire du testateur, n'était pas favorable. Aussi exigeait-on pour qu'elle fût admise le concours de plusieurs conditions dont l'énumération va suivre.

1o Il fallait que ceux qui se plaignaient eussent été injustement *deshérités*, ou tout au moins *injustement* prétérits. Si l'exhérédation ou la prétérition étaient fondées sur des causes légitimes, le testament restait à l'abri de toute espèce de recours. Ces causes légitimes d'abord indéterminées et abandonnées par cela même à l'appréciation du juge, furent spécifiées dans la novelle 115 de Justinien. On en compte quatorze qui autorisent les ascendants à deshériter leurs descendants, et huit seulement qui justifient l'exhérédation des ascendants de la part de leurs descendans; elles présentent dans leur ensemble le résumé de divers faits d'ingratitude dont les membres d'une même famille peuvent se rendre coupables les uns vis-à-vis des autres. Dans l'ancienne jurisprudence, celui qui portait la plainte d'inofficiosité était tenu de prouver qu'il avait été deshérité ou omis injustement. Mais ces principes subirent de graves modifications sous l'empereur Justinien qui mit à la charge de l'héritier institué la preuve de l'existence des causes légitimes d'exhérédation.

2° La plainte d'inofficiosité n'est accueillie que comme un remède extrême introduit en faveur de ceux qui ne peuvent parvenir à l'hérédité d'aucune autre manière. Elle est donc refusée à toutes les personnes qui ont un autre moyen d'obtenir tout ou partie de la succession ; *qui ad hæreditatem totam vel partem ejus alio jure veniunt, de inofficioso testamento agere non possunt.*

3° Dans l'ancien droit tous ceux auxquels le testateur n'avait pas laissé le quart de la portion qu'ils auraient recueillie *ab intestat* pouvaient porter la plainte d'inofficiosité, à moins que le testateur n'eût ordonné à son héritier de fournir le complément, *boni viri arbitratu* ; par suite ceux qui avaient reçu cette portion, même à un autre titre que celui d'héritier, étaient non-recevables à attaquer le testament pour cause d'inofficiosité. L'empereur Justinien dérogea encore à ces principes. Il augmenta d'abord la légitime des descendants ; elle n'était avant lui que de la quatrième partie de tous les biens du testateur soit qu'il y eût un seul descendant, soit qu'il y en eût plusieurs; il la porta à la moitié de ce que les légitimaires auraient dû recevoir *ab intestat*, lorsque ces légitimaires seraient plus de quatre, et au tiers dans le cas contraire, et déclara en outre que le légitimaire auquel le testateur aurait laissé une portion quelconque de biens, pourvu toutefois que cette portion lui eût été laissée à *titre d'institution d'héritier*, serait non recevable dans la plainte d'inofficiosité, sauf à lui à exercer une action *en supplément de légitime*.

4° La plainte d'inofficiosité devait être formée à peine de déchéance d'abord dans le délai de deux ans, et plus tard dans le délai de cinq ans, à compter du jour où l'héritier institué avait appréhendé l'hérédité. Elle aurait même été inutilement exercée dans le délai légal, si le demandeur en rescision avait approuvé ou exécuté le testament qu'il arguait d'inofficiosité. Cependant le tuteur qui, injustement deshérité ou prétérit dans le testament de son ascendant, aurait réclamé au nom de son pupille le legs fait à ce dernier dans le même testament, serait plus tard recevable à porter de son chef personnel la plainte d'inofficiosité, et réciproquement, quoique le tuteur eût succombé dans une plainte semblable qu'il aurait portée en sa qualité de tuteur au nom de son pupille injustement prétérit ou deshérité, il n'aurait pas néanmoins perdu le legs à lui personnellement fait dans le même testament, parce que n'ayant pas porté la plainte de son chef, mais seulement *tutorio nomine*, il n'a pu encourir la peine réservée à ceux qui portaient mal à propos la plainte d'inofficiosité, c'est-à-dire, la privation de tout ce que le testateur leur aurait laissé (§§ 4 et 5, *ibid.*).

5o Enfin, l'action dont nous venons de parler s'éteignait lorsque le légitimaire venait à décéder sans avoir porté sa plainte; mais, s'il avait engagé son instance, ses droits passaient entiers à ses héritiers par application de cet adage : *actiones quæ tempore pereunt, semel inclusæ judicio salvæ permanent*.

IV. — *Des effets que produit l'infirmation du Testament pour cause d'inofficiosité.* — L'effet de la rescision du testament pour cause d'inofficiosité était dès l'origine d'annihiler la totalité des dispositions qu'il renfermait, tandis que dans le dernier état de la Jurisprudence, son infirmation n'entraîna plus que la nullité de l'institution d'héritier, les legs et les autres clauses accessoires demeurant valables.

APPENDICE

Pour exécuter rigoureusement le plan général que j'ai exposé dans les observations préliminaires de la première division de la seconde partie du Cours de Droit Romain, j'aurais dû réserver pour la livraison suivante le Traité des legs, des fidéi-commis à titre particulier et des codiciles, qui peuvent être considérés comme une manière d'acquérir la propriété à titre particulier, d'après le Droit Civil. Ces matières auraient trouvé naturellement leur place à côté des donations et de l'usucapion. Mais la connexité qui existe entre les trois titres dont je viens de parler et l'hérédité testamentaire, m'a déterminé à m'en occuper dans un appendice séparé, avec d'autant plus de raison que les Rédacteurs des Institutes m'ont, pour ainsi dire, tracé cette marche, en traitant, à cause de cette connexité, les mêmes matières immédiatement après le développement des règles relatives aux testaments.

Cet appendice devra dès-lors se diviser en trois sections : dans la première je traiterai des *legs*, dans la seconde des *fidéi-commis*, et dans la troisième des *codiciles*.

SECTION PREMIÈRE.

Des Legs.

Trois titres du livre second des Institutes ont été consacrés à l'exposé des principes du Droit qui régissent le legs, savoir : le titre 20 *de legatis*, le titre 21 *de ademptione legatorum*, et le titre 22, *de lege Falcidia*. Je les réunirai sous cette section qui sera subdivisée en plusieurs paragraphes. Dans le premier, je parlerai de la nature du legs en général, des diverses espèces de legs en usage dans la législation antérieure au règne de Justinien et des modifications que ce Prince y apporta ; dans un second, des choses qui peuvent être léguées et des personnes à qui on peut léguer ; dans un troisième, des conditions et des diverses modalités que les legs sont susceptibles de recevoir, de l'époque à laquelle les legs commencent à être dus, et de l'époque à partir de laquelle la délivrance peut en être réclamée, de l'étendue du legs ou des choses qu'il comprend et des différentes actions qu'il produit en faveur du légataire ; enfin, je dirai dans un quatrième paragraphe de quelle manière les legs peuvent être révoqués ou transportés d'une tête sur une autre, comment ils s'éteignent ou deviennent caducs, à qui profite leur caducité; et, en dernier lieu, comment ils peuvent être réduits en vertu des dispositions de la loi *Falcidia*.

§ I.

De la nature des Legs en général, etc., etc.

On lit dans le § 1 du titre 20, *de leg.* : *Legatum est donatio quædam à defuncto relicta et ab hærede præstanda.* On peut donc définir le legs : *une délibation de l'hérédité, une donation improprement dite, émanée d'une personne qui n'est plus et qui doit être acquittée par son héritier.*

Avant l'assimilation des legs au fidéi-commis (à titre particulier), il n'était permis de léguer que par testament. Aussi le jurisconsulte Modestinus définissait-il le legs : *donatio testamento relicta* (L. 36, ff. *de leg. et fideic.* 2°). Mais un des principaux effets de cette assimilation fut de conférer, même à celui qui décéderait *intestat*, le droit de disposer à titre de legs. Voilà pourquoi, sans doute, on trouve dans les Instituts de Justinien ces expressions plus générales : *donatio quædam à defuncto relicta.*

Nous n'ajouterons pas ici d'autres développements à ces notions premières sur le caractère des legs. La connaissance des principes que nous exposerons bientôt en parlant des choses que l'on peut léguer et des actions qui naissent du legs, contribueront puissamment à faire ressortir les principaux traits de ressemblance et de dissemblance qui existent entre le legs et les autres dispositions à titre gratuit.

L'histoire du Droit nous apprend que la nature des legs fut longtemps subordonnée aux formules dont le disposant se servait pour manifester sa volonté. On reconnaissait en effet, comme on le voit dans le § 2 ibid., quatre manières de léguer, savoir : *per vindicationem*, *per damnationem*, *sinendi modo* et *per præceptionem*.

Les Instituts de Justinien n'ont pas retracé le tableau des différences essentielles qui distinguaient ces quatre manières de léguer, mais comme il importe de donner quelques éclaircissements sur cette partie si intéressante de la législation ancienne qui reçut un développement encore plus étendu que l'institution d'héritier, nous emprunterons au titre 24 des Fragments d'Ulpien *de leg.*, et surtout aux §§ 192 et suivants du Comment. 2 des

10

Institutes de Gaius, les précieux documents dont l'analyse
va suivre. Elle prouvera facilement que les différences
qui séparaient ces legs les uns des autres, peuvent se
rapporter à quatre points principaux, c'est-à-dire, 1o aux
formules qui servaient à caractériser chaque espèce de
legs, 2o aux choses qui pouvaient être léguées, 3o aux
actions que les legs produisaient, 4o au droit d'accroissement entre colégataires. — Examinons sous ces quatre
points de vue chacun de ces legs en particulier.

I. — Du legs *per vindicationem*. — Dans le legs *per
vindicationem*, le disposant se servait indistinctement des
expressions suivantes : HOMINEM STICHUM DO LEGO : ou bien,
en s'adressant à la personne du légataire, il lui disait :
HOMINEM STICHUM CAPITO, SUMITO, HABETO. La dénomination
de legs *per vindicationem*, provenait de ce que immédiatement après l'adition de l'hérédité, le *domaine quiritaire*
de la chose léguée était acquis au légataire qui pouvait
la revendiquer, *vindicare*, soit contre l'héritier, soit
contre tout autre tiers-détenteur. D'après les doctrines de
l'école des Sabiniens, le légataire était saisi de cette propriété, même avant d'avoir connaissance de la libéralité,
tandis que les Proculéiens dont l'opinion fut sanctionnée
par une constitution de l'empereur Antonin, faisaient dé-
pendre le droit acquis au légataire, de son acceptation
(Gaius, ibid., § 195).

Le testateur ne pouvait léguer *per vindicationem* que
les choses dont il avait le *domaine quiritaire* à l'époque
de la confection du testament et à l'époque de son décès,
à l'exception de celles qui consistaient en poids, en nombre et mesure, dont le legs était valable, pourvu qu'elles
eussent appartenu au testateur, *ex jure quiritium*, au
moment de sa mort. Telles étaient les dispositions rigoureuses du droit civil qu'un sénatus-consulte, connu sous
le nom de *Sénatus-consulte Néronien*, modifia en autorisant les testateurs à léguer même les choses dont ils
n'auraient pas la propriété (Ibib. §§ 197 et 198).

Enfin, lorsqu'une chose avait été léguée à plusieurs
conjointement, c'est-à-dire dans les termes suivants : TITIO
ET SEJO HOMINEM STICHUM DO LEGO : ou bien d'une manière
disjonctive en ces termes : LUCIO TITIO HOMINEM STICHUM
DO LEGO ; SEJO HOMIMEM EUNDEM DO LEGO, si tous les légataires venaient par concours, le legs était partageable
entr'eux ; si au contraire un d'eux venait à défaillir, sa
part accroissait à son colégataire (§ 199 ibid.).

II. — Du legs *per damnationem*. — On appelait *legatum
per damnationem*, celui dans lequel le testateur, s'adressant à son héritier, lui disait : HÆRES MEUS, STICHUM SERVUM
MEUM DARE DAMNAS ESTO : ou bien encore : HÆRES MEUS DATO

FACITO : ou bien enfin : HÆREDEM MEUM DARE JUBEO (ibid., § 201. — Ulp. fragm., ibid., § 4).

Il était permis de léguer de cette manière, et la chose d'autrui que l'héritier devait acquérir pour en faire la délivrance au légataire, ou dont il devait lui payer l'estimation, s'il n'avait pu en faire l'acquisition, et la chose qui n'existait pas encore, si toutefois l'existence pouvait être l'objet d'une espérance légitime ; comme par exemple les fruits à naître dans un champ déterminé, ou le *part* auquel une mère esclave donnerait le jour.

Le légataire n'était pas saisi, comme dans le legs *per vindicationem*, de la propriété de la chose léguée, par le seul effet de l'adition de l'hérédité. Pour l'obtenir, il devait exercer une action personnelle contre l'héritier, *id est intendere hæredem sibi dare opportere*, et ce n'était que par la tradition que ce dernier lui en faisait, s'il s'agissait d'une chose *nec mancipi*, et par la *mancipatio* ou la *cessio in jure*, s'il s'agissait d'une chose *mancipi*, que la propriété Romaine lui était acquise. Plusieurs légataires étaient-ils conjoints? l'héritier ne leur devait à chacun qu'une part de la chose, et la portion du défaillant n'accroissait pas à son colégataire, mais elle restait dans l'hérédité. Etaient-ils disjoints? l'héritier devait à chacun la totalité, et il l'acquittait en livrant à l'un en nature la chose léguée, et en payant à l'autre sa valeur. On voit dans les §§ 206 et suivants, ibid., que les dispositions de la loi Pappia, modifièrent sensiblement les principes du droit d'accroissement particulier au legs *per vindicationem*. Le plus grand nombre de jurisconsultes avaient même pensé que ces modifications s'appliquaient au legs *per damnationem*.

III. — Du legs *sinendi modo*. — Lorsqu'un testateur s'adressant à son héritier, lui disait : HÆRES MEUS DAMNAS ESTO SINERE LUCIUM TITIUM HOMINEM STICHUM SUMERE SIBIQUE HABERE, le legs prenait la dénomination de *legatum sinendi modo*. S'il avait plus d'avantages que le legs *per vindicationem*, il en avait moins que le legs *per damnationem*. En effet, le testateur pouvait léguer *sinendi modo*, non seulement sa propre chose, mais encore celle de son héritier, *rem hæredis*, tandis que dans le legs *per vindicationem* il ne pouvait léguer que sa propre chose; mais il ne pouvait pas léguer *sinendi modo* la chose d'un étranger, *rem alienam*, tandis que cette faculté lui était accordée dans le legs *per damnationem*. Il se rapprochait toutefois du legs *per damnationem*, sous ce rapport que le légataire n'était propriétaire de la chose léguée que par l'effet de la tradition ou de la mancipation que l'héritier lui en avait consentie, mais avec cette différence importante que dans le legs *sinendi modo*, l'héritier n'était pas tenu à livrer ou à manciper, car la seule obligation dérivant pour lui du legs, était de souffrir que le légataire prit possession de la chose léguée, parce que, selon le jurisconsulte Gaius (ibid.), § 214, *nihil ultrà hæredi testator imperavit quam ut sinat, id est, patiatur legatarium rem sibi habere*. Cependant cette dernière opinion avait partagé les jurisconsultes; mais la controverse à laquelle elle avait donné lieu était bien loin d'être aussi vive que celle qui avait surgi sur le droit de plusieurs colégataires en cas de concours, ainsi que l'atteste Gaius (§ 215, ibid.), où il expose la dissidence des différentes doctrines.

IV. — Du legs *per præceptionem.* — LUCIUS TITIUS HOMI-NEM PRÆCIPITO : telle était la formule dont le testateur se servait en s'adressant au légataire dans le legs PER PRÆ-CEPTIONEM. PRÆCIPERE *est præcipuum sumere*, dit le même jurisconsulte (§ 217, ibid.); voilà pourquoi les Sabiniens, dont il avait adopté les principes, estimaient qu'un legs de ce genre ne pouvait être conféré qu'à un héritier institué pour partie auquel le testateur donnait ainsi le droit de *prélever*, avant tout partage, la chose léguée. De cette simple observation ils déduisaient 1° qu'un legs semblable ne pouvait avoir lieu en faveur d'un étranger, et que sa nullité ne saurait être couverte par le bénéfice du sénatus consulte Néronien, dont les dispositions n'étaient applicables qu'aux défectuosités du legs qui provenaient des formules vicieuses employées par le testateur, et non à celles qui dérivaient de l'incapacité du légataire; 2° que ce dernier n'avait qu'une action pour obtenir la délivrance de son legs, l'action en partage, *familiæ erciscundæ*, à la suite de laquelle le juge lui adjugeait *per præceptionem* la chose léguée; 3° enfin que le testateur ne pouvait, sauf l'exception consignée dans le § 220, ibid., léguer de cette manière que les choses dont il avait la propriété, par cette raison que les choses qui sont comprises dans l'hérédité peuvent seules faire l'objet d'un partage.

Vivement combattues par les disciples de Proculus, ces théories furent également proscrites par l'empereur Adrien, qui, par une de ses constitutions, permit au testateur de léguer *per præceptionem*, même à celui qu'il n'aurait pas institué pour partie. Par une conséquence de cette doctrine, lorsque le testateur était propriétaire *ex jure quiritium* de l'objet légué, le légataire avait l'action en revendication, soit qu'il fût au nombre des héritiers, soit qu'il fût étranger. Lorsque le testateur avait seulement l'objet *in bonis*, le legs fait par lui en faveur d'un étranger était validé par le sénatus-consulte Néronien, et celui qui était fait en faveur de l'héritier, par l'adjudication émanée du juge saisi de l'instance en partage. Que si, enfin, l'objet légué n'avait appartenu au testateur à aucun titre, le legs était valable, soit que le légataire fût un étranger ou un héritier, conformément aux dispositions bienfaisantes du sénatus-consulte précité. Le droit d'accroissement dont les legs *per præceptionem* étaient susceptibles, se trouve du reste expliqué dans le ℈ 120 ibid.

Les distinctions que nous venons de retracer furent supprimées par l'empereur Justinien, ainsi qu'il nous l'apprend lui-même dans le ℈ 2 de ses Institutes, ibid. Accomplissant en cette partie de la législation une réforme que le sénatus-consulte Néronien avait ébauchée et que Constantin avait rendue plus facile en supprimant la nécessité des formules dont nous venons de parler, il établit entre tous les legs une égalité parfaite, et voulut que selon la nature de la chose léguée, le légataire pût exercer, à son choix, une triple action, c'est-à-dire l'action personnelle, l'action réelle et l'action hypothécaire. Ce ne fut même pas assez pour lui d'avoir proclamé l'unité de tous les legs, il les assimila encore aux fidéi-commis (à titre particulier), et cette assimilation produisit de grands changements dans la jurisprudence. *

Les règles générales que nous allons tracer constituaient

---

* L'aperçu suivant des différences qui existaient entre les legs et les fidéi-commis, servira à faire comprendre l'état de la législation à cet égard avant Justinien.

Ces différences se rapportent principalement : 1º à la qualité de ceux qui pouvaient disposer; 2º à l'idiôme et aux formules dont on se servait pour disposer et à la place que la disposition pouvait occuper dans le testament; 3º aux personnes en faveur de qui on pouvait disposer, et aux modifications que la disposition était susceptible de recevoir; 4º aux effets que l'une et l'autre de ces dispositions produisaient.

Reprenons cet examen.

1º Ceux-là seuls qui faisaient un testament, ou du moins des codiciles confirmés par testament, avaient la faculté de léguer, tandis que les fidéi-commis étaient permis même, par codiciles non confirmés, à ceux qui décédaient sans tester (Gai. Inst. Comm. 2. §§ 268, 269, 270).

2º On avait prohibé l'usage de la langue grecque dans les legs; dans les fidéi-commis, au contraire, on pouvait s'en servir comme de l'idiôme latin (Ibid. § 281, 185).

Les formules employées par l'auteur des legs étaient *impératives* et toujours obligatoires pour l'héritier; il n'en était pas de même des expressions usitées dans les fidéi-commis, puisqu'elles étaient toujours *précatives* (Ulp. frag tit. 25, *de fideic.* § 1).

Le legs aurait été nul s'il eût été écrit avant l'institution d'héri-

donc un droit uniforme, applicable sous Justinien à toute espèce de legs en général.

§ II.

Des choses qui peuvent être léguées, et des personnes à qui on peut léguer.

I — *Des choses qui peuvent être léguées.* — Le legs est placé au nombre des modes d'acquisition de la propriété; d'où il suit que le legs d'une chose qui ne serait pas dans le commerce, serait frappé d'un vice radical. Ainsi, dit le § 4, ibid., si le testateur a disposé du Champ-de-Mars, d'une basilique ou d'un temple, la disposition qu'il a faite est entièrement nulle, à ce point que l'héritier n'est même pas tenu d'en payer la valeur au légataire.

La chose léguée doit être non-seulement dans le com-

tier, alors qu'on n'avait aucun égard à la place que le fidéi-commis occupait dans le testament.

3° On ne pouvait léguer à toutes personnes indistinctement, au moins d'une manière absolue, à cause des prohibitions des lois *Voconia*, *Julia et Pappia Poppæa;* mais ces lois, applicables aux dispositions *directes*, ne s'opposaient pas aux dispositions *indirectes*, c'est-à-dire à titre de fidéi-commis. Toutefois, du temps d'Ulpien, cette différence avait sensiblement diminué, puisque ce jurisconsulte posait en principe, dans ses Fragments, tit. préc., *de fideic.* § 6 : *Fidei-commissa dari possunt his quibus legari potest.* Cette règle n'était plus soumise qu'à un petit nombre d'exceptions dont on trouve des exemples dans les §§ 7 et 10 (Ibid.).

Un légataire ne pouvait être grevé d'un legs, *à legatario legari non potest*, tandis qu'on pouvait grever le fidéi-commissaire lui-même d'un fidéi-commis (Gaius, ibid. § 71).

4° On remarquait des différences notables dans la manière de demander l'exécution ou plutôt la délivrance des legs, et des fidéi-commis. (§ 278, *Ibid.*). On voit enfin dans les §§ 279, 280, 281 et 283, d'autres dissemblances par rapport aux effets que produisaient ces deux manières de disposer.

Ce parallèle, quoiqu'incomplet, suffira pour donner une idée des conséquences que produisit l'assimilation des legs aux fidéi-commis (à titre particulier), écrite dans la L. 2. *Cod. de leg. et fideic.*

Il ne faut pas donner toutefois au principe de l'assimilation une telle extension que désormais un legs pût toujours être considéré comme un fidéi-commis et réciproquement; car Justinien laissa subsister entre les deux manières de disposer les différences résultant *nécessairement* de leur nature particulière, en ayant toujours égard à la volonté du testateur. V. Vinnius, Comment. sur le § 3 des Inst. Tit. 20, *de Legatis.*

merce d'une manière absolue, mais encore d'une manière relative au légataire, en ce sens que le legs serait nul si le légataire ne pouvait en acquérir la propriété, ce qui aurait eu lieu par exemple dans le dernier état de la jurisprudence, si un esclave chrétien avait été légué à un juif ou à un hérétique.

Parmi les choses qui sont dans le commerce, le testateur ne peut léguer *ea quæ ædibus juncta sunt*, et cela comme nous l'enseigne la loi 2 cod. *de ædificiis privatis, ne publicus deformetur aspectus*. L'interprétation de ce principe était susceptible de donner lieu à de nombreuses difficultés que le jurisconsulte Paul a eu le soin de résoudre dans les lois 41 et 43, ff. *de leg. et fidei-com*. 1o.

A l'exception des restrictions qui précèdent, le testateur jouit d'une faculté illimitée par rapport aux choses dont il peut disposer à titre de legs.

Il lui est en effet permis de léguer :

1o Les choses qui ont une existence actuelle, *quæ sunt in rerum natura*, comme celles dont on peut raisonnablement prévoir l'existence future, par exemple, les fruits qui naîtront dans un champ donné (ibid.).

Le legs des choses *futures* est conditionnel de sa nature, sous ce rapport que légataire n'aura que la quantité de fruits qui naîtra réellement dans le champ déterminé, alors même que le testateur aurait légué une quantité supérieure. (L. 5, ff. *de tritic. vin. et oleo legat.*). Mais si le testateur avait déterminé la quantité des fruits légués sans désigner également le fonds dans lequel ils devaient naître, ou si la désignation du fonds avait eu lieu *demonstrationis et non taxationis causâ*, alors même que l'on n'aurait pas recueilli la quantité léguée dans les biens héréditaires, elle n'en serait pas moins due au légataire.

2o Le testateur peut encore léguer la chose de son héritier et la chose d'autrui comme sa chose propre.

Lorsqu'il s'agissait d'une chose appartenant au testateur, ou d'une chose appartenant à l'héritier, ce dernier était libéré par la délivrance qu'il en faisait au légataire. Lorsqu'au contraire le testateur avait légué la chose appartenant à autrui, la disposition n'avait certainement pas rendu le légataire propriétaire de cette chose, car le disposant n'avait pu lui transférer plus de droits qu'il n'en avait lui-même. Mais le devoir de l'héritier était, dans ce cas, de s'adresser au propriétaire de l'objet légué pour en faire l'acquisition et le transmettre ainsi au légataire. Que si le propriétaire se refusait à l'aliéner, l'héritier se trouvait alors obligé à payer au légataire la valeur de cet objet.

Toutefois, il importe de remarquer que le legs de la

chose d'autrui n'était pas indistinctement valable. Le § 4 précité distingue, en effet, le cas où le testateur savait, en léguant, que la chose léguée appartenait à autrui, du cas où il l'ignorait. Dans la première hypothèse, le legs produisait les effets que nous venons de signaler; dans la seconde il était nul parce que, dit le texte, *forsitan si testator scivisset rem alienam esse, non legdsset.* *

La preuve que le testateur avait agi en connaissance de cause lorsqu'il léguait la chose d'autrui, restait à la charge du légataire, conformément à cet axiôme : *Semper necessitas probandi incumbit ei qui agit.*

Remarquons encore que, si le legs de la chose d'autrui est valable, lorsque le testateur sait qu'elle appartient à autrui, le légataire n'est pas toujours fondé à en demander l'exécution.

Deux causes lucratives ne peuvent concourir en faveur d'une même personne relativement à une même chose. *Traditum est duas lucrativas causas, in eundem hominem et eandem rem concurrere non posse* (§ 6 ibid.). Il suit de ce principe que si le légataire de la chose d'autrui l'avait pendant la vie du testateur acquise, en tout ou en partie, *à titre gratuit*, par exemple à titre de donation, il ne serait pas admis à réclamer plus tard la même chose en vertu du legs qui lui aurait été fait, ou que du moins il devrait réduire ses prétentions à la valeur de la portion non acquise à titre gratuit, tandis que s'il avait acquis la chose *à titre onéreux*, par exemple à titre de vente ou d'échange, il pourrait en demander encore la valeur en vertu du testament. Voilà pourquoi, ajoute le § précité, toutes les fois que deux testateurs ont légué la même chose à la même personne, il faut examiner si, en vertu du testament qui a été ouvert le premier, le légataire a obtenu la chose léguée en nature ou seulement sa valeur. Dans le premier cas, il ne pourra rien réclamer en vertu du second testament. Dans le second au contraire il sera fondé à demander le prix de la chose léguée, parce que celui qui n'a que la valeur d'une chose ne peut jamais être considéré comme possédant la chose elle-même.

En sens inverse, lorsque le testateur lègue sa propre chose qu'il croyait être la chose d'autrui ou de son légataire, les deux legs sont valables; le premier par application du principe : *plus valet quod in veritate est, quam*

---

* Il y avait cependant exception à ce principe lorsque le legs avait été fait *proximæ personæ, vel uxori, vel alii tali personæ cui legaturus esset etsi scivisset rem esse alienam* (L. 10, cod. *de legat.*).

quod in opinione, le second parce que la volonté du
défunt peut recevoir son exécution, *quia exitum voluntas
defuncti habere potest* (§ 11, ibid.).

Mais, si la chose léguée appartient en réalité au légataire, le legs serait annulé, parce que, comme nous
l'apprend le § 10 ibid., *quod proprium est ipsius, amplius
ejus fieri non potest.* Vicié dès son origine, le legs ne
serait pas validé plus tard par l'aliénation de l'objet légué
que le légataire aurait consentie avant l'ouverture du
legs, conformément à l'axiôme suivant, connu sous le nom
de règle Catonienne : LE LEGS QUI AURAIT ÉTÉ NUL, SI LE
TESTATEUR FUT MORT IMMÉDIATEMENT APRÈS LA CONFECTION DU
TESTAMENT, N'ACQUIERT AUCUNE CONSISTANCE LÉGALE PAR LA
PROLONGATION DE SA VIE. *Quod inutile foret legatum, si
statim post factum testamentum decessisset testator, hoc
non debet ideò valere quia diutiùs testator vixerit* (§ 32,
ibid.).

L'examen du legs de la chose d'autrui nous engagerait
naturellement à parler ici du legs de la chose qui, appartenant au testateur, se trouve néanmoins engagée en
faveur d'un créancier, s'il ne suffisait pour se fixer sur
les principes qui le régissent de lire le § 5, ibid., et la
loi 57 ff. *de leg. et fidei-com.* 1º.

En continuant l'énumération des choses qui peuvent
être l'objet d'un legs, nous ajouterons que le testateur a
la faculté de disposer à ce titre de corps certains et déterminés, c'est-à-dire *d'espèces*, ou bien de corps indéter-
minés dans leur individualité, c'est-à-dire *d'un genre*.

Dans le legs d'espèces, comme par exemple de *l'esclave
Stichus* ou du *fonds Cornélien*, il ne saurait s'élever de
difficultés sur l'exécution du legs entre l'héritier et le
légataire. Mais lorsque le testateur a légué un *genre*
comme, par exemple *un esclave*, sans le désigner, on
s'est demandé auquel des deux de l'héritier ou du légataire, serait dévolu le choix de l'esclave qui doit être
délivré à ce dernier. Cette question a été résolue par le
§ 22, ibid., où l'on voit que le choix appartient au légataire à moins que le testateur n'ait exprimé une volonté
contraire.

Le légataire a donc en principe le choix de l'objet légué,
toutes les fois que les choses parmi lesquelles il doit choisir, se trouvent dans la masse des biens héréditaires. Mais
si elles sont en dehors de l'hérédité, le légataire n'a qu'une
action personnelle contre l'héritier et celui-ci jouira donc
nécessairement du droit de choisir pour se libérer. Néanmoins la faculté qu'il aura dans ce cas, comme celle qui
peut être dévolue au légataire, d'après ce que nous venons
de dire, n'est pas absolue, en ce sens que le légataire

ne pourra prendre le *meilleur* des objets soumis à son choix, comme l'héritier ne pourra le contraindre, lorsque le choix lui sera déféré, de prendre l'objet le *plus mauvais*.

Il ne faut pas cependant confondre le choix que le légataire d'un genre tient du droit en général avec le legs *d'option*, *optionis legatum*, c'est-à-dire, celui dans lequel le testateur a formellement déféré à son légataire le choix des objets qui se trouveraient dans son hérédité. En effet, dans le legs d'option, le légataire peut choisir *quod est optimum*, faculté qui lui est refusée en vertu du choix qu'il tient du droit commun. D'ailleurs dans l'ancienne jurisprudence, le legs d'option ne constituait qu'une faculté personnelle au légataire, puisque s'il venait à mourir avant d'avoir déclaré son choix, il ne transmettait pas le legs à son héritier, à la différence du légataire d'un genre qui, dans une position semblable, aurait incontestablement transmis son droit à ses successeurs. L'empereur Justinien modifia ces principes ; il autorisa les héritiers d'un légataire d'option à s'accorder entr'eux sur le choix à faire, et dans le cas où ils ne pourraient s'accorder, à désigner par la voie du sort celui qui serait chargé du choix pour tous ses cohéritiers (§ 23, ibid.).

Si le testateur avait la faculté de léguer des espèces et des genres, il pouvait aussi léguer des *quantités* fixes dont le paiement était mis à la charge de l'héritier, * (comme par exemple une somme d'argent), ou bien une *universalité* de choses, comme par exemple la moitié, le tiers ou le quart de son hérédité.

Ce dernier legs prenait le nom de *partition*, *quœ species* PARTITIO *appellatur*, dit le jurisconsulte Ulpien (frag. tit. 24 *de leg.*, § 25). Le légataire *partiaire* qui recevait ainsi une quantité fixe de l'hérédité, n'était cependant pas assimilé à un héritier institué pour partie. Il ne succédait *qu'aux biens* et non *à la personne* du défunt, et en conséquence, il n'avait aucun rapport avec les créanciers ou avec les débiteurs de l'hérédité. Toutefois, comme il ne devait prendre la portion léguée que déduction faite des charges héréditaires, l'usage avait admis l'intervention entre l'héritier et le légataire de stipulations appelées *sti-*

---

* Si le testateur avait légué une quantité en déterminant le lieu dans lequel elle se trouvait placée, comme par exemple, *nummos quos in arca habeo*, le legs était considéré comme un legs de corps certains. *Sed si certos nummos, veluti quos in arca habet legavit, non numerata pecunia, sed ipsa corpora nummorum legato continentur : neque permutationem recipiunt et exemplo cujuslibet corporis æstimanda sunt.* (Papin. L. 51, ff. *de leg. et fideic.* 1°).

pulationes partis et pro parte, dont l'objet était *ut lucrum et damnum hæreditarium pro rata parte inter eos commune esset* (Inst. tit. 23, *de fideic. hæred.* § 5).

Les théories qui précèdent, prouvent que le testateur avait le droit de léguer des choses *incorporelles* comme des choses *corporelles*. Ce principe est, en effet, écrit en termes formels dans le § 21 ibid., ainsi conçu : *Tam autem res corporales legari possunt, quam incorporales.*

Au legs des choses incorporelles nous rapporterons encore les *actes* que l'héritier peut être obligé de faire ou de s'interdire dans l'intérêt d'un tiers et qui constituent par cela même un legs au profit de ce tiers. Ainsi, le testateur peut ordonner à son héritier de réparer la maison d'une autre personne, ou bien de payer le montant de ses dettes (ibid.), comme il peut l'assujettir à ne pas élever sa maison au-delà d'une certaine hauteur pour ne pas nuire aux jours de la maison voisine (Inst. tit. 3, *de servit. præd.* § 4). L'héritier doit toujours se conformer dans l'exécution de ces faits affirmatifs ou négatifs à la volonté du testateur, pourvu qu'elle ne soit contraire ni aux lois ni aux bonnes mœurs (L. 112 et 113, ff. *de leg. et fideic.* 1o).

On comprend enfin, parmi les legs des choses incorporelles : 1o le legs que fait un testateur de sa créance sur un tiers, *legatum nominis*; 2o le legs que fait un créancier à son débiteur du montant de sa créance, *legatum liberationis*; 3o le legs que fait un débiteur à son créancier de sa dette, *legatum debiti*; 4o enfin le legs que fait le mari à son épouse de la dot de celle-ci, *legatum dotis*. Chacune de ces quatre espèce de legs, va devenir le sujet d'un examen particulier.

1o Du legs *Nominis*. — Un testateur peut léguer ce qui lui est dû par un tiers, et en vertu de ce legs, l'héritier qui recueille de plein droit toutes les actions appartenant au défunt, sera tenu de fournir au légataire celles dont il aura besoin pour obtenir le paiement de la créance léguée. Que si le testateur avait exigé le paiement de la créance léguée, il s'en suivrait naturellement que le legs serait éteint, sauf toutefois les précisions consignées dans la loi 11, ff. *de leg. et fidei-com.* 3o, § 13. (§ 21 Instit. ibid.).

2o Du legs *Liberationis*. — Rien ne s'oppose à ce qu'un créancier lègue à son débiteur ce qu'il doit. L'effet de ce legs n'est pas d'opérer de plein droit la libération du débiteur légataire, mais s'il était poursuivi par l'héritier, il puiserait dans son legs une juste exception à la demande en paiement dirigée contre lui, comme aussi sans attendre d'être recherché il aurait la faculté de s'adresser à l'héritier pour obtenir de lui sa libération au moyen d'une *acceptilation* dont les règles sont tracées dans le titre 30 du liv. III, Inst. *quib. mod. toll. oblig.*, ₂₂ 1 et 2 (Inst. ₂ 13, *ibid.*).

3º Du legs *Debiti.* — Ce n'est plus un créancier qui lègue à son débiteur, c'est au contraire un débiteur qui lègue à son créancier ce qu'il lui doit. Sans doute si le créancier ne retire du legs aucun émolument, s'il est aussi avantageux pour lui d'agir |en vertu de son titre de créance qu'en vertu du legs, la disposition faite à son profit sera par cela même tout-à-fait inutile. Mais si le legs peut être considéré pour lui comme lucratif, par exemple si on lui a légué purement et simplement une chose qui ne lui était due que sous condition, ou qui n'était exigible qu'après l'expiration d'un terme, le legs sera valable et utile en même temps pour lui, puisque s'il agit en qualité de légataire, il ne sera pas obligé d'attendre pour demander le paiement, ni l'accomplissement de la condition, ni l'échéance du terme qu'il serait obligé de respecter en qualité de créancier (₂ 14, *ibid.*).

4º Du legs *Dotis.* — Personne n'ignore qu'à la dissolution du mariage, le mari ou ses héritiers sont tenus de restituer à la femme la dot qu'elle a apportée. Cependant quoique le droit eût garanti cette restitution, le legs que le mari faisait à sa femme *de la dot qu'il en avait reçue*, était valable parce qu'il était plus avantageux pour elle de répéter sa dot en vertu du legs, qu'en exerçant l'*actionem de dote*. En effet, s'agissait-il d'une dot constituée en choses consistant en poids, nombre ou mesure ? dans l'ancien droit les héritiers du mari avaient la faculté de se libérer en ne remboursant chaque année qu'un tiers de la dot. (Ulp. frag. tit. 6, ₂ 8, *de Dot.*) à moins toutefois qu'il n'eût été convenu qu'elle serait restituée immédiatement ; et si, d'après la législation de Justinien, ils étaient obligés à un remboursement intégral en un seul paiement, ils jouissaient pour l'effectuer du délai d'une année. En vertu du legs, au contraire, la femme avait le droit 'd'exiger sans délai un remboursement intégral.

S'agissait-il d'une dot consistant en immeubles ? la femme qui agissait par l'action *de dote* devait supporter en réduction le montant des impenses nécessaires que le mari avait faites pour la conservation de la dot, *nam ob impensas in res dotales factas, marito quasi rententio concessa est, quia ipso jure necessariis sumptibus |dos minuitur.* (Inst. liv. 4, tit. 6, *de act.*, ₂ 37), tandis que cette réduction ne pouvait être imposée à la femme qui agissait *ex legato*, parce que son mari l'avait implicitement gratifiée du montant de ses impenses.

Toutes les fois que la femme a réellement apporté une dot, elle est, en vertu du legs, remboursée intégralement de ses apports, mais si la femme n'a pas eu de dot, faudra-t-il annuler le legs fait à ce titre par son mari ? le § 15 (*ibid.*) nous apprend que si le legs a été fait *simpliciter*, il est inutile, mais que si le mari a déterminé un corps certain ou une somme fixe, le legs est valable malgré qu'en réalité la femme n'ait eu aucune dot. Cette dernière solution est basée sur la maxime : *falsa demonstratio non vitiat legatum.*

Erigée en règle générale par le § 30 *ibid.*, cette maxime s'applique sans exception à tous les cas où il y a erreur dans la désignation de la chose léguée, pourvu que l'on puisse distinguer et reconnaître celle que le testateur a entendu léguer , *modo de re legatâ constet.*

Ainsi, lorsque le testateur a dit qu'il léguait son esclave *Stichus* , né dans sa maison d'une mère esclave (*vernam*), le legs n'en doit pas moins recevoir son exécution, de cela qu'en réalité l'esclave *Stichus* serait entré dans le patrimoine du testateur au moyen d'une acquisition.

A côté de la règle qui précède on en trouve une autre analogue, d'après laquelle l'erreur qui existe dans la *cause* du legs est encore moins nuisible à son efficacité que l'erreur dans la désignation de l'objet légué , *longè magis legato falsa causa adjecta non nocet*, dit le § 31 *ibid.* ; il en serait autrement si la cause avait été énoncée d'une manière conditionnelle. Les exemples donnés dans le § précité à l'appui de ces deux propositions rendent inutile toute espèce de développement à ce sujet.

En résumant ce que nous venons de dire par rapport aux choses qu'il est permis de léguer , il est facile d'apprécier les nombreuses nuances que l'on remarque dans les caractères du legs. Sans doute le legs est toujours une disposition *accessoire* et *facultative* du testament , tandis que l'institution d'un héritier en constitue la partie *principale* et *obligée* ; et quelle que soit le nature du legs , le légataire ne succède qu'à *la chose*, tandis que l'héritier succède à *la personne*; mais le caractère du legs se formule diversement avec la nature de la chose léguée. Tantôt, comme on l'a vu, il consiste dans un objet qui fait partie de l'hérédité, tantôt dans un objet qui lui est étranger; le légataire est quelquefois appelé à recueillir une chose corporelle, et quelquefois une chose incorporelle. Dans certains cas, c'est un acte que l'héritier est obligé de faire dans l'intérêt du légataire; dans d'autres l'héritier est seulement tenu de souffrir ou tout au moins il n'est obligé qu'à s'interdire certains actes en faveur de ce légataire.

II. — *Des personnes à qui l'on peut valablement léguer.* — De même qu'un testateur ne peut léguer toute sorte

de biens, il ne peut léguer aussi à toute sorte de personnes. Le § 24 ibid., pose à cet égard ce principe : qu'il
n'est permis de léguer qu'à ceux avec qui on a la faction
du testament, *legari autem iis solùm potest cum quibus
testamenti factio est.* Il faut donc consulter les règles que
nous avons déjà tracées dans le chapitre de l'hérédité
testamentaire en parlant de ceux qui avaient la capacité
d'être institués héritiers. Ajoutons néanmoins ici sur la
même matière le développement de quelques principes
particuliers aux legs.

Celui qui veut remonter aux premiers éléments de la
jurisprudence Romaine est facilement convaincu qu'il
était défendu même aux militaires de disposer à titre de
legs ou de fidéi-commis en faveur *de personnes incertaines.* On se fondait sur cette raison que la volonté d'un
testateur doit toujours être certaine et réfléchie ; *certum
consilium debet esse testantis,* dit le jurisconsulte Ulpien
dans ses fragments, tit. 22, *qui hœred. inst. poss.*, § 4.

On considérait comme *personnes incertaines,* celles
dont le testateur ne pouvait avoir qu'une opinion vague,
quas incerta opinione testator animo suo subjiciebat,
comme, par exemple, lorsqu'il instituait celui qui se
serait rendu le premier à son convoi funèbre, *qui primus
ad funus venerit,* ou ceux qui auraient été les premiers
nommés consuls après la confection de son testament.
Mais on ne réputait pas telles celles qui étaient prises
dans un cercle déterminé de personnes, sans être toutefois nominativement désignées, par exemple, lorsque le
testateur léguait *à celui de ses parents actuellement existants qui viendrait assister le premier à ses funérailles.*
(Gai. Inst., comm. 2, § 138).

Au nombre de personnes incertaines figuraient naturellement tous ceux qui n'étaient pas encore nés à l'époque de la confection du testament. Dès l'origine, on ne
pouvait ni les instituer ni disposer en leur faveur à titre
de legs ou de fidéi-commis. On excepta plus tard de cette
prohibition les enfants qui seraient nés sous la puissance
immédiate du testateur et qui par cela même eussent été
ses *héritiers siens* s'il eût survécu, et que l'on désignait
sous le nom de *posthumes siens.* Il fut permis de les instituer, ainsi que l'atteste Ulpien, Frag. tit. préc. § 15.
Quant aux enfants qui en naissant ne se seraient pas
trouvés sous la puissance immédiate du testateur s'il eût
survécu et que l'on désignait sous la dénomination de
posthumes étrangers, posthumi alieni, on ne pouvait les
instituer, d'après le Droit Civil, mais seulement d'après
le Droit Prétorien. L'empereur Justinien modifia la rigueur de ces principes par une de ses constitutions qu'il

mentionne dans le § 27 ibid., de ses Institutes, mais que l'on cherche inutilement dans le code *Repetitæ prælectionis*. Il autorisa les testateurs à gratifier les personnes incertaines, pourvu toutefois * que par un indice quelconque existant à l'époque de la confection du testament, ou postérieur à cet acte, il fût possible de distinguer la personne qui avait été gratifiée. Par une conséquence de cette première modification, il permit de disposer en faveur des posthumes *étrangers* (sauf l'exception prévue par le § 27 ibid.), comme en faveur des posthumes *siens*, en maintenant toutefois la pureté de l'ancienne doctrine à l'égard des fonctions de tuteur testamentaire qui ne purent jamais être déférées qu'à des personnes certaines et nominativement désignées, *certo enim debet judicio quis pro tutelâ posteritati suæ cavere*, dit le § 27 ibid.

Il ne faut pas néanmoins confondre l'incertitude qui existerait sur la personne du légataire, avec les erreurs qui auraient pu se glisser dans l'énonciation de son nom propre (*prænomen*), du nom de sa race ou de sa famille générale (*nomen*), du nom de sa branche ou de sa famille particulière (*cognomen*) enfin de la qualification particulière qui servait à distinguer son individualité (*agnomen*).

Il en serait de cette erreur comme de l'erreur commise dans la désignation de la chose léguée; elle ne saurait apporter aucun obstacle à la validité du legs, toutes les fois qu'il est possible de reconnaître la personne du légataire d'une manière indubitable, *cum de personâ constat*. Le § 29 ibid. se fonde sur cette raison fort simple : *nomina enim significandorum hominum gratiâ reperta sunt, qui si alio quolibet modo intelligantur, nihil interest.*

La définition que nous avons donnée du legs avec le texte du § 1 de ce titre, nous a appris qu'il consistait dans une espèce de donation qui doit être acquittée par l'héritier, *donatio quædam.... ab hærede præstanda*. D'un autre côté, on sait qu'un esclave n'acquiert pas personnellement pour lui, mais pour le compte de son maître, les libéralités dont il est gratifié. De là cette conséquence que le legs fait à *l'esclave de l'héritier* serait inutile, puisqu'il attribuerait à l'héritier deux qualités inconciliables entr'elles, celle de créancier et de débiteur. L'inutilité de ce legs ne serait pas couverte, alors même que l'esclave serait affranchi pendant la vie du testateur, de la puissance de son maître, à cause du principe déjà plusieurs fois énoncé : *qu'un legs qui aurait été nul, si le testateur fût mort immédiatement après la confection de son*

* Voyez Vinnius dans son commentaire, sur le § 27 précité.

testament, n'est pas validé, parce que le testateur a vécu plus longtemps ($ 32 ibid.). Mais le même paragraphe a le soin de nous avertir que, lorsqu'un legs semblable avait été fait sans condition, il devait recevoir son exécution, si à l'époque de son ouverture l'esclave n'était plus engagé dans les liens de la puissance dominicale. Dans ce cas, en effet, le principe invoqué n'est plus applicable, parce que comme nous l'enseigne le jurisconsulte Ulpien dans la L. 4, ff. *de reg. Cat.* : *Placet Catonis regulam ad conditionales institutiones non pertinere.*

Telle est la solution donnée par Justinien à une question qui avait excité parmi les anciens jurisconsultes une vive controverse. Trois opinions s'étaient en effet formées. Le Jurisconsulte Servius avait admis en principe la validité d'un semblable legs, mais il estimait qu'il devenait nul si à l'époque de son ouverture l'esclave était encore au pouvoir de l'héritier et réciproquement il le déclarait valable lorsqu'il était pur et simple, si pendant la vie du testateur l'esclave avait été affranchi de la puissance de l'héritier, et lorsqu'il était sous condition, si l'esclave était devenu libre avant l'événement de cette condition. Les Proculéiens, au contraire, émirent une théorie plus restrictive en se prononçant pour la nullité du legs, soit qu'il fût pur et simple, soit qu'il fût conditionnel. Enfin les Sabiniens avaient résolu la question par la distinction qui fut adoptée plus tard par l'empereur Justinien (Gaius, Inst., comm. 2, $ 244, Inst., $ 32, ibid.).

Dans l'hypothèse inverse, c'est-à-dire si l'esclave a été institué héritier, le legs fait à son maître serait-il valable? Gaius n'hésite pas à se prononcer pour l'affirmative. Mais si l'esclave est encore sous la puissance de son maître à l'époque de l'adition de l'hérédité, le legs sera nécessairement utile, parce que, comme nous l'avons déjà dit, nul ne peut être à la fois son propre créancier et son débiteur. L'utilité d'une semblable disposition est donc subordonnée à l'affranchissement de l'esclave antérieurement à l'adition de l'hérédité. L'empereur Justinien ne changea rien à ces principes, ainsi qu'il nous l'apprend dans le $ 33, ibid.

Nous terminerons cette matière en faisant remarquer que s'il était permis de léguer à des *individus*, le testateur avait également la faculté de disposer au même titre en faveur de *certaines communautés*, par exemple en faveur de toutes les cités qui se trouvaient placées sous l'empire du peuple Romain (Ulpien, frag., tit. 24 *de leg.*, $ 28.).

§ III.

Des conditions et des diverses modalités que les legs sont susceptibles de recevoir, etc., etc.

I. — *Des conditions et des diverses modalités que les legs sont susceptibles de recevoir.* — Si un legs peut être pur et simple ou conditionnel de même qu'une institution d'héritier, et si les règles que nous avons déjà développées à l'égard des conditions apposées à une institution sont en général applicables aux legs, il n'en est pas de même du *terme*. En effet, dans l'institution d'héritier, le terme est considéré comme non écrit, en vertu de la maxime : *nemo potest pro parte temporis testatus et pro parte intestatus decedere*. Dans le legs, au contraire, le terme doit être respecté, et si le légataire est saisi de plein droit dès l'instant de la mort du testateur, il n'entre en jouissance qu'après l'expiration du délai fixé dans le testament (Inst. § 35 , ibid.).

D'après l'opinion de tous les jurisconsultes, on ne pouvait prendre pour terme une époque postérieure à la mort de l'héritier ; mais il était permis d'assigner à ce titre le moment de la mort de l'héritier, faculté que l'on conçoit assez difficilement, lorsqu'on songe qu'il était défendu de léguer *pridiè quam hæres morietur*. Les mêmes principes étaient applicables aux affranchissements (Gaius, Inst., comment. 2 § 232 et 233). Ulpien justifie les deux premières décisions, en disant que de sa nature le legs devait être acquitté par *l'héritier*, et que dès-lors on ne devait pas reconnaître la validité d'une disposition qui ne pourrait être exécutée que par *l'héritier de l'héritier, ne ab hærede hæredis legari videatur.* Ces doctrines ne furent pas maintenues par l'empereur Justinien, qui autorisa le testateur à léguer sous les modifications dont nous venons de parler, et rendit ainsi l'usage des legs aussi favorable que celui des fidéi-commis (§ 35, ibid.).

La législation de ce prince se fait donc remarquer par une tendance bien prononcée à dégager la volonté des testateurs des entraves que l'ancien droit avait apportées à la libre disposition de leurs biens. Pour atteindre ce but il devait encore opérer à cet égard de nombreuses réformes, ainsi qu'il nous l'enseigne dans les §§ 34 et 36, ibid.

En effet, 1° avant lui il était défendu de léguer à *titre de peine, pœnæ nomine*. Un testateur léguait à ce titre, lorsque son legs avait moins pour objet de gratifier la personne du légataire que de contraindre l'héritier à faire

12

ou à ne pas faire quelque chose (Ulpien, fragm., ? 16),
hæres meus si filiam suam in matrimonium collocaverit,
vel ex diverso, si non collocaverit, dato decem aureos
Sejo. Une disposition conçue en cette forme n'était pas
admise, parce que l'on disait que le legs devait émaner de
la bienveillance seule du testateur vis-à-vis du légataire,
et non de son dessein d'obliger l'héritier à faire ou à ne
pas faire quelque chose. 2° Par une déduction rigou-
reuse de la règle, *hæredis institutio est caput et funda-*
mentum totius fundamenti, les legs, les affranchissements
(et même d'après les Sabiniens le choix d'un tuteur testamentaire, Inst. Gaius, comm. 2, ? 231) étaient frappés de nullité, lorsque dans le testament ils étaient écrits
avant la clause contenant l'institution d'héritier.

Justinien abrogea tous ces principes dont la sévérité
devenait souvent un obstacle à l'exécution des dernières
volontés des mourants. Il permit de faire des legs, de
les révoquer et de les transférer à titre de peine comme
sous toute autre condition possible, et il déclara qu'il ne
faudrait avoir aucun égard à la place qu'occuperait dans le
testament, par rapport à l'institution d'héritier, l'affranchissement, le legs, ou la nomination du tuteur, parce
que l'ordre dans lequel un testateur exprime ses dernières
intentions ne saurait exercer aucune influence sur leur
exécution (? 34, ibid.).

II. — *De l'époque à laquelle les legs commencent à être*
dus, et de l'époque à partir de laquelle ils sont exigibles.
— Un legs peut être acquis malgré que le légataire n'ait
encore le droit d'en demander le paiement, car entre
l'*existence* d'un droit et son *exigibilité*, il y a un intervalle
immense. S'il importe d'être fixé sur l'époque de l'exigibilité du legs, il est aussi d'un grand intérêt d'examiner à
quelle époque il commence à être dû. En effet, 1° toutes
les fois qu'il ne s'agit pas d'un legs personnel, le légataire
transmet son droit à ses héritiers, s'il est mort après que
ce legs a commencé à lui être dû, alors même qu'il ne fût
pas encore exigible. 2° C'est une règle générale que la chose
léguée doit être remise au légataire telle qu'elle existait
lors de l'ouverture du legs. * 3° La condition du légataire
alieni juris à l'époque où le legs commence a être dû,
exerce une influence décisive sur la question de propriété
de ce legs; car si le légataire est *alieni juris* à cette époque,
il l'acquiert pour autrui, si au contraire, il est *sui juris*,
il l'acquiert pour son propre compte. 4° La condition du

---

* On voit que nous entendons par le jour de *l'ouverture* du legs,
celui où il commence à être dû.

légataire ou de l'héritier *alieni juris* à la même époque, exerce sur la validité ou la nullité de certains legs une influence semblable, ainsi que nous l'avons déjà reconnu en parlant du legs fait à l'esclave de l'héritier ou du legs fait au maître dont l'esclave a été institué héritier (Inst., ibid., §§ 32 et 33).

Or, pour savoir quand un legs commence à être dù *quando cedit dies legati* (*cedere enim diem sgnificat incipere deberi pecuniam.* L. 213 ff. *de verb. signif.*), et quand il est exigible, *quando venit dies legati* (*venire diem significat eum diem venisse à quo pecunia peti potest*, ibid.), il faut avoir recours aux règles suivantes posées par le jurisconsulte Ulpien dans les LL. 5 et 7, ff., *quando dies leg. vel. fideic. ced.*

Le legs est-il pur et simple? il commence à être dù dès le moment du décès du testateur, *cedit à morte testatoris*, * mais il ne peut être demandé qu'après l'adition de l'hérédité, *venit ab adita hæreditate.*

Est-il à terme? il commence à être dù après la mort du testateur, mais il n'est exigible qu'après l'expiration du terme et l'adition de l'hérédité.

Est-il conditionnel? il ne commence à être dù et n'est exigible qu'après l'accomplissement de la condition, en supposant tonjours qu'à cette époque l'hérédité aura été acceptée.

L'époque de l'adition de l'hérédité est donc indifférente en règle générale pour déterminer le jour auquel le legs commence à être dù; mais en retour tant que cette adition n'a pas eu lieu, le légataire, sans aucune distinction entre le legs pur et simple, à terme ou conditionnel, ne peut en demander le paiement d'une manière utile, puisqu'il n'a pas encore de débiteur ou de contradicteur légitime, *aditio moram legati quidem* PETITIONI *facit*, CESSIONI *diei non facit* (Ulp., 1. 7, ff., ibid.).

III. — *De l'étendue du legs ou des choses qu'il comprend et des différentes actions qu'il produit en faveur du légataire.* — Pour juger de l'étendue du legs, c'est-à-dire pour distinguer les divers objets qu'il embrasse, il faut nécessairement connaître le sens que les jurisconsultes romains attachaient aux expressions habituellement employées par les testateurs. Plusieurs titres du Digeste ont été con-

---

* La loi Pappia Poppæa dérogeant aux dispositions du droit ancien, avait, pour augmenter en faveur du fisc les chances de caducité, différé le jour auquel le legs commençait à être dù jusqu'à l'ouverture du testament. Mais dans le dernier état de la jurisprudence, le droit primitif fut remis en vigueur (Ulp., Fragm., tit. 24, *de leg.*, § 13).

sacrés à la définition ou plutôt à l'énumération des objets qui comprenaient les différentes clauses en usage dans les testaments. * On trouve encore dans les sentences de Paul, tit. 6 *de leg.*, un précis remarquable des règles principales en cette matière; qu'il nous suffise de donner ici deux exemples de l'interprétation donnée à certaines expressions consacrées que nous retrouvons d'ailleurs dans le § 17 de notre titre.

Si un testateur avait légué *fundum instructum*, le legs comprenait non-seulement les objets destinés à la culture, à la récolte et à la conservation des fruits, mais encore les livres, les bibliothèqu˙, les esclaves et les meubles qui se trouvaient placés dans ce fonds et plus générale‑ ment *omnia quæ in illo fundo collata sunt ut instructior esset pater familias*, pour reproduire les paroles dont se sert Ulpien, dans la l. 12, § 27, ff. *de instru. leg.*

Si le testateur n'avait légué que *fundum cum instru‑ mento*, ce legs avait moins d'extension que le précédent, et ne comprenait que les instruments nécessaires en hom‑ mes, animaux et ustensiles, *fructus quærendi, cogendi, vel conservandi gratiâ.* (L. 8, ibid.).

Quelquefois l'étendue du legs est indépendante de la clause qui le renferme, car son extension peut provenir des accroissements survenus à la chose léguée par le fait de l'homme ou de la nature. Ainsi le legs d'une maison embrassera les marbres, les colonnes et les autres orne‑ ments dont le testateur l'aura embellie depuis la confec‑ tion de son testament. (Inst., § 19 ibid.), et le legs d'un champ riverain comprendra l'alluvion ou tout autre ac‑ croissement résultant d'une accession qui, dans l'intervalle du testament à l'ouverture du legs, aura agrandi l'héritage légué.

Il ne nous reste plus qu'à parler maintenant des diffé‑ rentes actions que le legs attribuait au légataire. Nous l'avons déjà dit; avant la législation de Justinien, les ac‑ tions accordées au légataire étaient subordonnées à la nature du legs, et la nature du legs elle-même variait selon les expressions employées par le testateur. En abrogeant ces principes, Justinien conféra indistinctement au légataire une triple action qu'il pouvait exercer à son choix, selon la nature de la chose léguée, c'est-à-dire, 1° l'action *personnelle* qu'il dirigeait contre l'héritier institué, débi‑ teur du legs en cette qualité; 2° l'action *réelle* qu'il inten‑ tait contre tout détenteur de la chose léguée; 3° enfin

---

* Voyez notamment les titres *de Inst. vel. instrum. legat.*, *de suppellect. legat.*, *de auro, argento, mundo, ornement.*, etc., etc.

l'action *hypothécaire* ou *quasi-servienne* qui lui était accordée contre tout possesseur des immeubles dépendant de l'hérédité, affectés de plein droit au paiement des legs. Ces trois actions, essentiellement différentes les unes des autres, garantissaient au légataire l'exécution de la volonté du testateur. Les effets qu'elles produisaient son caractérisés avec tous les développements convenables dans les §§ 1, 2 et 7 du tit. 6, *de act.*, liv. 4, des Instit.

§ IV ET DERNIER.

De quelle manière les legs peuvent être révoqués, etc., etc.

I. *De quelle manière les legs peuvent être révoqués ou transportés d'une tête sur une autre.* — A la différence des donations entre-vifs qui saisissent le donataire d'une manière irrévocable, les legs comme toutes les autres dispositions de dernière volonté sont révocables au gré du disposant.

La révocation du legs peut être *expresse* ou *tacite*. Il y a révocation *expresse* lorsque le testateur déclare dans le testament même qui contient le legs, ou par des codicilles confirmés par testament qu'il révoque le legs. Le changement qui s'opère dans sa volonté doit être respecté, quelques expressions d'ailleurs qu'il emploie (du moins dans le dernier état de la jurisprudence), pour manifester ce changement (Inst. tit. 21 *de adempt. leg. ad proœm.*). *Vid. Ulp. Frag. tit.* 24, § 29.

Il y a révocation *tacite* toutes les fois qu'un fait quelconque émané du testateur atteste l'intention qu'il a de révoquer le legs existant, comme par exemple lorsqu'il aliène la chose léguée, *cum animo adimendi legatum.* C'est à *l'intention* qui préside à l'aliénation, et non à l'aliénation elle-même qu'est attachée la révocation du legs, parce que comme on le voit dans le § 12, *de leg.*, si le testateur n'avait aliéné que pour satisfaire à des exigences pécuniaires, le legs n'en continuerait pas moins de subsister.

Si au lieu d'aliéner, le testateur se bornait à grever la chose léguée d'un droit de gage ou d'hypothèque, une semblable affectation n'entraînerait pas la révocation du legs, car on ne suppose à celui qui affecte ses biens, d'autre intention que celle de pourvoir à des besoins urgens. (Ibid.).

Quelquefois le testateur en révoquant le legs dispose en même temps de la chose léguée en faveur d'une autre personne, comme, par exemple, lorsqu'il dit : Hominem Stichum quem Titio legavi, Sejo do, lego. Ce changement de volonté qui constitue la *translation* du legs renferme une double disposition; il y a révocation vis-à-vis de Titius, et legs vis-à-vis de Séjus.

II. *De l'extinction des legs, de leur caducité et des personnes à qui cette caducité profite.* — Lorsque le testateur a légué des quantités dont le paiement est toujours à la charge de l'héritier, le legs n'est pas susceptible d'extinction, conformément à l'axiôme, *quantitates nunquam pereunt.* Mais lorsqu'il a légué des corps certains et déterminés, si ces corps viennent à périr pendant la vie du testateur, le legs sera incontestablement éteint. En sera-t-il de même si la chose léguée n'a péri qu'après la mort du testateur? Il faut distinguer avec le § 16, ibid., le cas où la perte est survenue par le fait de l'héritier, de celui où cette perte doit être attribuée à des accidents qui lui sont étrangers. Dans la première hypothèse l'héritier doit d'après les principes du droit commun réparer le dommage qu'il a causé, en payant au légataire l'estimation de la totalité ou d'une partie seulement de la chose léguée selon qu'elle a péri entièrement ou partiellement. Dans la seconde, la perte de la chose léguée retombe entièrement sur la tête du légataire d'après la maxime si connue : *res perit domino.* — *Servo fataliter interempto, legatarii dannum est, quia legatum nullâ culpâ hæredis intercidit.* (Paul. sentent. tit. 6, *de leg.* § 9).

L'héritier dont le fait est devenu la cause prochaine ou éloignée de la perte totale ou partielle de l'objet légué (Inst. *de leg.*, § 16, *in fin.*), doit donc dédommager le légataire sans distinguer, lorsque l'objet légué se composait de deux parties, l'une accessoire, l'autre principale, si c'est l'une ou l'autre de ces choses qui a péri; mais toutes les fois que la chose léguée a péri partiellement *avant le décès du testateur*, il faut examiner si la perte a frappé sur la partie principale du legs ou seulement sur la partie accessoire. En effet, dans le premier cas le legs est éteint pour le tout, malgré que la partie accessoire soit conservée, tandis que dans le second le legs subsiste pour la partie principale. (Inst. § 17, ibid.).

Que si la chose léguée se composait de plusieurs objets distincts et séparés parmi lesquels on ne pourrait distinguer ni une chose principale ni une chose accessoire, la perte de quelqu'un de ces objets n'empêcherait pas le légataire de revendiquer tous ceux qui resteraient. On en trouve un exemple remarquable dans le § 17 précité, où l'on voit que si un testateur a légué une mère esclave avec les enfants issus d'elle, la mort de la mère n'empêchera pas le légataire de revendiquer ses enfants survivants, parce que l'enfant ne peut jamais être considéré comme une chose accessoire par rapport à sa mère. C'est sur le même principe qu'est basée la décision suivante écrite dans le § 18, ibid. ; *si grex legatus fuerit, et postea ad unam ovem pervenerit, quod superfuerit vindicari potest.*

La perte de la chose léguée entraine donc, d'après les distinctions que nous venons de faire, l'extinction des legs, de même que l'incapacité du légataire ou son défaut de volonté de recueillir la libéralité entraine sa caducité, car dans le langage du dernier état du droit, on appelle *caduque* la disposition qui, valable dès son principe, reste sans effet à cause du défaut de capacité ou de volonté de recueillir de la part de celui en faveur de qui elle a été faite, *caducum appellatur quasi ceciderit ab eo*, dit le jurisconsulte Ulpien, (fragm. tit. 17, *de cad.* § 1). Dans le cas où il n'y a qu'un seul légataire, la caducité profite nécessairement à l'héritier institué qui se trouve libéré par là de l'obligation d'acquitter le legs. Mais lorsqu'une seule et même chose a été léguée à plusieurs personnes, si quelques-uns des colégataires viennent à défaillir, à qui sera dévolue la portion devenue caduque ? Le Droit ancien avait déféré ces portions, dans les institution d'héritier, comme dans les legs, aux cohéritiers ou aux colégataires qui recueillaient le bénéfice de l'institution ou du legs, *qui ad hæreditatem vel legatum veniebant.* Sous le règne d'Auguste, les lois Julia et Pappia Poppæa, connues sous le nom de *lois Caducaires* n'accordèrent plus à titre d'accroissement la portion caduque qu'aux ascendants et aux enfants du testateur jusqu'au 3e degré en les adjugeant dans tous les autres cas au trésor public (Ulp. fragm. tit. 18, *qui habeant jus ant. in cad.*). Modifiées à leur tour par Antonin, par Constantin et Théodose, les lois caducaires furent entièrement abrogées par l'empereur Justinien, ainsi qu'il nous l'apprend lui-même dans la loi *unic.* cod. *de cad. toll.* Ce Prince rétablit ainsi le droit d'accroissement entre les cohéritiers et les colégataires en admettant par rapport à ces derniers des distinctions qui se trouvent consacrées dans le § 11 de la loi précitée.

Avant d'en présenter l'analyse, il faut remarquer que deux ou plusieurs légataires d'un seul et même objet sont entr'eux *disjoints* ou *conjoints*, et que ces derniers sont conjoints par la chose et par les paroles en même temps, *re et verbis*, ou par les paroles seulement *verbis tantum.*

Les légataires sont conjoints par les paroles et par la chose en même temps, *re et verbis*, lorsque le testateur leur a légué une même chose par une seule et même disposition; par exemple, lorsqu'il a dit : TITIO ET SEJO FUNDUM TUSCULANUM DO LEGO. Ils sont conjoints par les paroles seulement, *verbis tantum*, lorsque le testateur leur

léguant par une seule et même disposition, assigne néanmoins les parts de chacun d'eux, par exemple lorsqu'il
dit : TITIO ET SEJO FUNDUM TUSCULANUM DO LEGO EX ÆQUIS
PARTIBUS, pourvu toutefois que cette assignation de parts
ne tombe que sur *l'exécution* de la disposition, et non
sur la *disposition* elle-même.

Enfin les colégataires sont disjoints, *disjuncti*, lorsqu'une même chose leur a été léguée par deux dispositions distinctes, par exemple lorsque le testateur a dit :
TITIO FUNDUM TUSCULANUM DO LEGO, SEJO FUNDUM TUSCULA-
NUM DO LEGO. *

Voici maintenant quels sont les droits respectifs de ces
divers colégataires par rapport au droit d'accroissement.

S'agit-il de colégataires conjoints par les choses et par
les paroles ou par les paroles seulement ? la portion du
défaillant, c'est-à-dire la portion caduque s'adjoindra par
droit d'accroissement à celle du colégataire qui recueillera
le legs. Il y a dans ce cas *accroissement* proprement dit,
parce qu'un seul objet ayant été donné à deux personnes,
chaque légataire n'a été gratifié en réalité que pour une
partie. La portion de celui qui recueille ainsi limitée *ab initio* se trouve donc réellement *augmentée* par l'accroissement
de la portion caduque ; d'où il faut conclure que le colégataire qui recueillera, puisqu'il acquiert par l'effet de la
caducité, ne sera saisi que par l'effet de son acceptation, et
que par voie de réciprocité, il sera tenu de supporter toutes
les charges imposées par le testateur au colégataire défaillant, *portio deficiens accrescit volentibus tantum et
cum onere.*

S'agit-il au contraire de colégataires disjoints ? la portion
du défaillant est dévolue à son colégataire, non par droit
d'accroissement comme dans l'espèce précédente, mais
plutôt par un droit de *non décroissement*, *jure non de-
crescendi.* La raison en est palpable ; chacun des colégataires disjoints a été gratifié de la totalité de l'objet légué *in
solidum*, et si cet objet devait être un jour partagé, c'est-
à-dire si le legs devait être diminué au préjudice de l'un
d'entr'eux, ce n'était que par l'effet du concours des colé-

---

* Les colégataires *disjoints* sont aussi désignés sous le nom de
conjoints par la chose seulement, *re tantum* (L. 242, ff. *de verb.
signif.*).

Plusieurs commentateurs ont suivi la triple distinction des colégataires conjoints *re et verbis*, *verbis tantum* et *re tantum*, adoptée
par le jurisconsulte Paul dans la loi précitée. En reproduisant la
distinction des colégataires *conjoints* et *disjoints*, nous avons donné
la préférence à la version du § 8, des Instituts *de legatis* et de la
L *unic.*, Cod. *de caduc. toll.*

gataires qui auraient recueilli, *concursu partes fiunt*, suivant l'expression du jurisconsulte Celsus dans la l. 80,
ff. *de leg. et fideic.* 3. Lors donc que l'un des colégataires
vient à défaillir, la part de celui qui recueille n'en est
pas augmentée. Il est censé moins acquérir que conserver l'intégralité de son legs. Il n'y a donc pas droit d'accroissement en sa faveur, mais seulement, comme nous
l'avons vu, un droit de non décroissement, ainsi que
l'atteste Justinien dans le § 11 de la loi précitée où l'on
remarque les expressions suivantes : *Si vero nemo alius
veniat vel venire potuerit, tunc non vacuatur pars quœ
deficit, nec alii accrescit, ut ejus qui primus accepit, legatum augeri videatur, sed apud eum qui habet, solida
remaneat nullus concursu deminata.*

IV. *De la réduction des legs en vertu des dispositions de
la loi Falcidia.* — Tout le monde connaît ce texte de la
loi des XII tables qui attribuait au père de famille mourant un pouvoir souverain dans la disposition de son patrimoine, UTI SUPER PECUNIA TUTELAVE REI SUÆ LEGASSIT,
ITA JUS ESTO. Restreint d'abord dans l'intérêt des membres
de la famille du testateur par l'introduction des règles
relatives à l'exhérédation et à la plainte d'inofficiosité,
ce pouvoir, absolu dès l'origine, fut encore limité dans
l'intérêt des héritiers institués et du testateur lui-même.
Le jurisconsulte Gaius nous révèle dans les §§ 224, 225
et 226 du comm. 2 de ses Instituts, et les motifs qui
amenèrent cette seconde restriction et les nombreux es-
sais auxquels se livra le législateur avant de frapper au
cœur le mal qu'il voulait détruire. *

Abusant du droit ordinaire qu'il tenait de la loi des XII
Tables, le testateur épuisait souvent son hérédité par des
legs, et rendait ainsi illusoire le titre qu'il conférait à
son héritier. Il s'ensuivait que l'institué n'ayant plus aucun
émolument à retirer de son adition, répudiait, et par là plus
d'un testateur décédait *intestat.* — La sollicitude du législateur fut plus d'une fois éveillée par les inconvénients
qui résultaient de cet état de choses, et dans le 6e siècle
de la fondation de Rome (en l'an 571), la loi *Furia testa-
mentaria*, ne permit plus au testateur de disposer, si ce
n'est en faveur d'un certain nombre de personnes, à titre
de legs ou de donation à cause de mort, que jusqu'à concurrence d'une valeur de *mille asses*. Mais ces prohibitions
n'atteignirent pas le but que leur auteur s'était proposé,

---

* Cet exemple nous prouve, comme tant d'autres, que les bonnes
lois ne sauraient être improvisées et que de longs tâtonnements sont
souvent nécessaires pour arriver à des résultats satisfaisants et du-
rables.

celui de réserver à l'institué une portion de l'hérédité
suffisante pour l'engager à accepter, puisque le testateur
qui avait un patrimoine *de quinque millia æris* avait un
moyen fort simple de l'absorber en faisant cinq legs de
mille asses chacun. L'insuffisance manifeste de la loi Furia
rendit nécessaire une loi nouvelle qui parut en l'an 585,
sous le nom de loi Voconia. Ses dispositions défendirent
au légataire et au donataire à cause de mort de recevoir
une portion supérieure à celle qui resterait à l'héritier
institué. Sans doute ces prohibitions nouvelles garantissaient à l'héritier un émolument quelconque, mais cet
émolument pouvait devenir tellement minime par l'effet
du nombre des légataires, qu'il n'eût pas été avantageux à l'héritier de s'assujettir au paiement de toutes
les charges héréditaires pour ne recueillir en compensa-
tion qu'une bien faible portion de l'hérédité. La loi Voconia
laissait donc subsister la plus grande partie des abus auxquels il importait d'apporter enfin un remède. Ils ne dis-
parurent entièrement que sous l'action plus incisive et par
cela même plus efficace de la loi Falcidia (décrétée en 714)
qui prohiba au testateur de disposer à titre de legs au-
delà des trois-quarts de son patrimoine; d'où la conséquence nécessaire que l'héritier devait toujours avoir pour
lui le quart de l'entière hérédité. *Itaque lata est lex Falcidia
quâ cavetur ne plus legare liceat quam dodrantem, itaque
necesse est ut hæres quartam partem hæreditatis habeat*
(§ 227 ibid.). Ce quart est ordinairement désigné dans le
langage de la jurisprudence, sous le nom de *Quarte Fal-
cidie*, *Quarta Falcidia*.

Comment procède-t-on pour connaître la valeur de
l'hérédité, dont le quart doit être distrait en faveur de
l'héritier, et comment s'opère la réduction des legs jusqu'à concurrence de ce quart?

Le texte des trois §§ du titre 22 des Institutes de Justinien *de lege Falcidia*, ont tracé à ce sujet les règles
suivantes :

1° Pour connaître la valeur de l'hérédité, on procède à
la composition de la masse des biens héréditaires en n'y
comprenant que les biens existants à l'époque du décès
du testateur. *Quantitas patrimonii ad quam ratio legis
Falcidiæ redigitur, mortis tempore spectatur.* (§ 2 ibid.).
On n'a donc aucun égard aux accroissements qui survenus depuis cette époque ont augmenté la consistance de
l'hérédité; ils profitent à l'héritier exclusivement, mais
réciproquement on ne lui tient aucun compte des diminutions qu'elle a éprouvées depuis le même moment;
sauf à lui dans le cas où par l'effet de ces diminutions,
il n'aurait à retenir qu'une portion trop minime, à user

d'un moyen indirect dont parle le § précité, pour obliger les légataires à lui faire des concessions ou tout au moins à consentir à une transaction, en les menaçant d'une répudiation dont le résultat nécessaire serait l'inutilité de leur legs.

2° Le patrimoine ainsi composé, on en déduit en premier lieu les dettes, conformément à cet adage consacré par la l. 39 ff. *de verb. signif. bona non dicuntur nisi deducto ære alieno* ; en second lieu, les frais funéraires, *funeris impensa*, qui sont toujours considérés comme une charge de l'hérédité ; enfin la valeur des esclaves qui ont été affranchis ou qui doivent être affranchis par l'héritier de l'ordre du testateur, *pretia servorum manumissorum*.

3° Ces déductions préalablement faites, on impute à l'héritier à compte de son quart tout ce qu'il a droit de prendre à titre d'héritier et non ce qu'il aurait précédemment reçu à titre de donataire, et on procède ensuite sur chaque legs à une réduction proportionnelle dont le résultat définitif doit être d'attribuer à l'héritier ou aux héritiers, si le testateur en a institué plusieurs (Inst. § 2, ibid.), le quart de l'hérédité ou seulement le complément de ce quart, dans le cas où on leur aurait imputé d'autres valeurs à ce titre.

Nous terminerons cette matière par deux observations : 1° l'héritier ne jouit des faveurs attachées aux dispositions de la loi *Falcidia* dont il n'était pas permis aux testateurs de le priver (avant la Novelle 1re de Justinien, chap 1er), que dans le cas où il a eu soin de constater par un inventaire exact et régulier la consistance de la succession ; 2° il les réalise, s'il s'est maintenu en possession, en opposant l'exception de dol au légataire qui demanderait au-delà des trois-quarts, et par voie de revendication si les biens se trouvaient déjà au pouvoir du légataire.

SECTION II.

Des fidéicommis.

Nous trouvons dans le second livre des Institutes deux titres consacrés à l'exposé des règles propres aux fidéicommis, savoir : le titre 23 *de fideicommissariis hœreditatibus*, et le tit. 24 *de singulis rebus per fideicommissum relictis*.

On distinguait donc dans le droit romain deux sortes de fidéicommis ; le fidéicommis à titre universel, et le fidéicommis à titre particulier. Il y avait fidéicommis *à titre universel* lorsque son auteur disposait de son hérédité entière, ou du moins d'une quotité de cette hérédité ;

et fidéicommis *à titre particulier* lorsque son auteur n'avait disposé que d'un objet *certain et déterminé*, soit que cet objet fît partie de son hérédité, soit qu'il y fût étranger.

Les règles auxquelles ces deux espèces de fidéicommis se trouvèrent soumises devaient naturellement présenter des différences caractérisées. Aussi Tribonien et ses collaborateurs les ont-ils traitées dans deux titres séparés. En suivant la même marche nous nous occuperons dans un premier paragraphe des hérédités fidéicommissaires, ou du fidéicommis à titre universel, et dans un second des fidéicommis à titre particulier.

§ 1er

Des hérédités fidéicommissaires, ou des fidéicommis à titre universel.

Ce paragraphe sera subdivisé en quatre articles; je traiterai dans le premier, de l'origine des fidéicommis, de leurs caractères et de leurs développements successifs; dans un second, des personnes qui pouvaient disposer ou recevoir à titre de fidéicommis, des conditions ou modifications qui pouvaient être apposées à la disposition; dans un troisième, des effets des fidéicommis ou plutôt des droits 'et des devoirs respectifs du fiduciaire et du fidéicommissaire dans les diverses phases de la jurisprudence romaine; enfin, dans le quatrième et dernier article, des diverses manières dont l'existence des fidéicommis pouvait être constatée.

ARTICLE 1.

De l'Origine des fidéicommis, de leurs caractères, etc.

Nous avons vu en parlant de l'hérédité testamentaire que le Droit Romain avait déclaré un grand nombre de personnes incapables de recevoir par testament. Ceux qui voulaient enfreindre ces dispositions prohibitives et gratifier un incapable, par exemple, une femme ou un étranger, *peregrinum*, étaient donc obligés, pour atteindre leur but de prendre une voie détournée. Faisant alors d'une manière indirecte ce qu'ils n'auraient pu faire directement, ils disposaient de leurs biens en faveur d'une personne capable de recevoir, en la priant de les restituer à celui qu'ils voulaient gratifier. Le disposant ne pouvait adresser qu'une *prière* et non une *injonction* formelle, puisque la sévérité des principes s'opposait à l'exécution de ses intentions : il se confiait donc nécessairement à la probité, à la conscience ou plutôt à la *foi* de l'ami qu'il invitait à réaliser ses vœux, *fideicommittebat*, èt de là on appela ces sortes de dispositions *fidéicommis; —* Fideicommissa *appellata sunt, quia nullo vinculo juris sed tantum pudore eorum qui rogabantur, continebantur.* (Inst. tit. 23, *de fideic. hæred. ad proœm.*). * Le contraste qui existait entre les formules *précatives* employées par l'auteur d'un fidéicommis, et les formules *impératives* qui furent long-temps en usage dans les institutions d'héritier et les legs, constituaient une des principales différences de ces manières de disposer. Ulpien l'avait nettement tracée en définissant le fidéicommis : *Quod non civilibus verbis sed precativè relinquitur, nec ex rigore juris civilis proficiscitur, sed ex voluntate datur relinquentis* (Fragm., tit. 25, *de fideic.,* ? 1).

Les Institutes de Justinien nous ont conservé dans le ? 2 du tit. 23, *de fideic. hæred.*, et dans le ? 3 du tit. 24, *de sing. reb. per fideic. relic.*, un modèle de ces formules précatives. Après avoir institué son héritier en se servant des expressions reçues ; par exemple : Titius Lucius Hæres esto, le testateur dont l'intention était de faire un fidéicommis pouvait ajouter : Rogo te, Luci Titi, ut quum primum poteris hæreditatem meam adire, eam Caio Sejo reddas restituas. Lucius Titius était dans l'espèce, l'héritier *fiduciaire*, c'est-à-dire, chargé de la restitution de l'hérédité, et Caius Sejus le *fidéicommissaire*, c'est-à-dire, celui à qui cette restitution doit être faite.

Tout fidéicommis suppose donc nécessairement le concours de trois personnes, 1° l'auteur du fidéicommis, 2° l'héritier grevé de restitution que nous avons appelé *fiduciaire* et qui servait d'intermédiaire entre le disposant et la personne gratifiée, 3° celui en faveur duquel la restitution devait être faite, et que nous avons désigné sous le nom de *fidéicommissaire.*

L'absence de tout moyen coërcitif vis-à-vis des fiduciaires, pour les obliger à la restitution dont ils étaient chargés, devint la source des abus les plus graves auxquels la sagesse d'Auguste vint enfin mettre un terme. Soit que ce Prince voulût appliquer désormais à tous les cas indistinctement des faveurs qu'il avait plusieurs fois

---

* Le désir d'éluder les dispositions prohibitives relatives à la capacité de recevoir ne fut pas cependant la cause unique de l'introduction des fidéicommis, ainsi que nous le verrons dans la section suivante, en parlant de l'origine des codicilles.

accordées dans des espèces particulières, soit qu'il eût
le désir de faire exécuter des dispositions que l'on disait
souvent n'avoir été faites qu'en son honneur, soit enfin
qu'il fût justement indigné de l'insigne mauvaise foi dont
quelques fiduciaires avaient donné d'éclatants exemples, il
enjoignit aux Consuls-d'interposer leur autorité pour assurer l'exécution du fidéicommis. Cette mesure, à la fois si
juste et si conforme d'ailleurs à l'opinion publique sanctionnée aussitôt par l'usage, environna les fidéicommis de
tant de faveur, et leur imprima un tel développement,
qu'elle entraîna bientôt après la création d'un Préteur,
exclusivement chargé de prononcer sur les difficultés auxquelles les fidéicommis donneraient lieu. Ce Préteur fut
désigné, d'après la nature même de ses attributions spéciales, sous le nom de *Préteur fidéicommissaire* (Inst.,
tit. 23, *de fideic. hæred. ad proœm.*).

ARTICLE 2.

Des personnes qui pouvaient disposer ou recevoir à titre
de fidéicommis, etc., etc.

La faculté de disposer à titre de fidéicommis ne fut
accordée qu'à ceux qui avaient la faction active du testament, *fideicommissum relinquere possunt qui testamentum
facere possunt*, dit le jurisconsulte Ulpien, titre précité,
§ 4. Toutefois il n'était pas nécessaire que l'on fît un
testament pour disposer valablement à titre de fidéicommis (Inst., tit. 23, § 10). Seulement lorsque le fidéicommis
était consigné dans un testament, il fallait que l'héritier
eût été valablement institué si on voulait le grever de
restitution, par une conséquence du principe qui attachait
la nullité de tout le testament à l'irrégularité de l'institution, *imprimis sciendum est, opus esse ut aliquis recto
jure testamento hæres instituatur ejusque fideicommittatur,
ut eam hæreditatem alii restituat* (Inst., tit. 23, § 2).

Si ceux-là qui avaient le droit de faire un testament
pouvaient seuls disposer à titre de fidéicommis, ceux qui
étaient privés du droit de recevoir par testament n'étaient
cependant pas incapables de recevoir au même titre.
Ainsi, malgré les dispositions de la loi Voconia, une
femme pouvait accepter un fidéicommis d'une manière
absolue, tandis qu'elle n'aurait pu recevoir que partiellement, à titre de legs ou d'institution d'héritier. Cette différence, jointe à plusieurs autres, dont Gaius a tracé le
tableau dans les §§ 268 et suiv., du comm. 2 de ses Institutes, établissait entre ces deux manières de disposer
une ligne de démarcation des plus sensibles, qui s'effaça

cependant peu à peu, puisque nous voyons qu'au commencement du troisième siècle de l'ère chrétienne, époque à laquelle Ulpien écrivait ses fragments, il n'était déjà plus permis de disposer à titre de fidéicommis, qu'en faveur de ceux à qui on aurait pu valablement léguer ou déférer l'hérédité.

Les variations que l'histoire de la jurisprudence nous offre à l'égard de la capacité des personnes habiles à recueillir un fidéicommis, ne se représentent pas par rapport aux charges, aux conditions et aux modifications sous lesquelles on pouvait disposer d'une hérédité à ce titre.

Il fut en effet constamment permis à l'auteur du fidéicommis de charger le fiduciaire, s'il était institué en la totalité de l'hérédité, de la restituer au fidéicommissaire tout entière ou en partie; et s'il n'était institué qu'en partie, de restituer cette partie ou seulement une quotité moindre de l'hérédité. Dans toutes ces dispositions le testateur n'était assujetti qu'à l'observation d'une seule règle, c'est-à-dire qu'il ne pouvait jamais obliger le fiduciaire à restituer plus qu'il n'avait reçu, *hoc solum observandum est ne plus quisquam rogetur alicui restituere quam ipse ex testamento ceperit, nam quod ampliùs est, inutiliter relinquitur* (Inst., tit. 24, *de sing. reb. per fideic. relic.*, § 1).

Cette règle n'était pas contradictoire avec ce principe déjà posé, qu'un citoyen Romain mourant *intestat* pouvait disposer de son hérédité par fidéicommis. Dans ce cas, en effet, l'héritier légitime grevé de restitution est censé tenir l'hérédité de la libéralité du défunt, par cela seul que celui-ci pouvant la lui enlever en instituant un étranger, ou tout au moins le réduire à sa légitime, n'a pas usé de son droit; *ideò fideicommissa dari possunt ab intestato succedentibus, quoniam creditur pater familias sponte sua his relinquere legitimam hœreditatem*, dit le jurisconsulte Paul, dans la L. 8, ff. *de jure codic.*

Le fidéicommis pouvait être pur et simple, comme aussi il pouvait être soumis à une condition. Enfin le disposant pouvait en différer l'exécution jusques à l'expiration d'un terme fixé et le fidéicommissaire ne pouvait demander l'exécution de la disposition qu'après la réalisation de la condition ou l'échéance du terme, *liberum est vel purè, vel sub conditione relinquere fideicommissum, vel ex die certo* (Inst., tit. 23, § 2).

L'auteur du fidéicommis avait encore la faculté de charger le fidéicommissaire de restituer l'hérédité en tout ou partie à un second fidéicommissaire, avec cette précision que le premier fidéicommissaire ne jouissait pas vis-à-vis du second du droit accordé par le sénatus-consulte Pegasien au fiduciaire, de retenir pour lui le quart de l'entière hérédité.

CTICLE 3.

Des effets du fidéicommis à titre universel, ou des devoirs et des droits respectifs du fiduciaire et du fidéicommissaire.

On a vu que sous le règne d'Auguste les fidéicommis eurent une force obligatoire dont ils avaient été privés jusqu'alors. Le fidéicommissaire avait donc la faculté de s'adresser au magistrat spécialement chargé de veiller à l'exécution du fidéicommis, pour contraindre le fiduciaire à la restitution de l'hérédité. Ce recours de sa part était inutile toutes les fois que le fiduciaire consentait à opérer de bon gré une semblable restitution; mais dans tous les cas, il fallait déterminer les effets qu'elle produisait entre le fiduciaire et le fidéicommissaire.

Ce n'est pas sans de graves difficultés que leurs rapports furent définitivement réglés par la législation. L'analyse du texte des §§ 251 et suiv. des Institutes de Gaius, et 3, 4 et suiv. du tit. 23 précité des Institutes de Justinien, nous donnera une idée exacte des oscillations et des progrès de la jurisprudence Romaine à cet égard.

Le § 3 du tit. précité des Institutes de Justinien, nous apprend d'abord qu'après la restitution de l'hérédité, le *fiduciaire* ne restait pas moins saisi de la qualité d'héritier, et que celui en faveur duquel la restitution avait été faite, c'est-à-dire le *fidéicommissaire*, était tantôt considéré comme héritier, tantôt comme légataire. Il n'en avait même pas été toujours ainsi, car en remontant avec le jurisconsulte Gaius (§ 252, ibid.), à la première période de la législation, on voit que le fidéicommissaire n'était autrefois considéré ni comme héritier, ni comme légataire, mais plutôt comme acquéreur de l'hérédité. D'après les usages reçus à cette époque, le fidéicommissaire achetait pour un prix fictif, *nummo uno*, l'hérédité dont la vente lui était consentie par le fiduciaire, et ils stipulaient entr'eux que l'acquéreur indemniserait le vendeur de toutes les condamnations qui seraient prononcées contre ce dernier, et de toutes les charges qu'il acquitterait en sa qualité d'héritier, et réciproquement le vendeur s'obligeait à faire compte à l'acquéreur de tout l'émolument qu'il retirerait de l'hérédité, il s'obligeait même à souffrir que l'acquéreur exerçât *procuratorio aut cognitorio nomine* toutes les actions héréditaires.

Plus tard, pendant le règne de Néron (en l'année 815 de la fondation de Rome), sous le consulat de Trébellien Maxime et de Sénèque, un sénatus-consulte fut décrété, qui déclara que par l'effet de la restitution de l'hérédité, toutes les actions héréditaires qui d'après le Droit Civil résidaient sur la tête de l'héritier, seraient dévolues au fidéicommissaire. Après cette innovation dont les Préteurs adoptèrent bientôt toutes les conséquences, les stipulations dont nous avons parlé, connues sous le nom de stipulations *emptæ et venditæ hæreditatis*, tombèrent naturellement en désuétude.

Les dispositions sanctionnées par le sénatus-consulte Trébellien, apportèrent une juste amélioration à la condition des fiduciaires, qui, s'ils ne conservaient pas les biens de l'hérédité, devaient être par cela même affranchis de toutes ses charges, *quia unicuique damnosam esse fidem suam non oportet* (*Paul.* Sent. lib. 4, tit. 2, *de senat. Trebell.* Mais la réforme qui venait de s'opérer laissait subsister de graves inconvénients. En effet, lorsque le fiduciaire était chargé de restituer toute l'hérédité ou du moins la plus grande partie, il n'avait plus aucun intérêt à accepter le titre que le défunt lui avait conféré, et peu lui importait alors d'assumer sur lui une qualité illusoire. Il répudiait, et sa répudiation entraînait nécessairement l'extinction du fidéicommis.

Le but principal de toutes les lois était cependant chez les Romains de protéger la pleine et entière exécution des volontés des mourants. Aussi, quelques années après, c'est-à-dire pendant le règne de Vespasien, sous le consulat de Pégase et de Pusion, vit-on paraître un Sénatus-consulte nouveau, par lequel les fiduciaires furent autorisés à retenir le quart de l'hérédité qu'ils étaient chargés de restituer, de même que dans le siècle précédent la loi Falcidia avait accordé à l'héritier institué le droit de retenir le quart de la valeur de tous les legs. Pour la liquidation et l'évaluation de ce quart, on suivait dans les deux cas des règles analogues.

Le sénatus-consulte Pégasien, modifia sensiblement les rapports du fiduciaire et du fidéicommissaire. Le premier resta grevé de toutes les charges héréditaires, et le second fut assimilé à un légataire partiaire puisqu'il partageait l'hérédité avec le fiduciaire. De cette assimilation dériva pour eux la nécessité de recourir à des stipulations connues sous le nom de *stipulationes partis et pro parte*, par lesquelles ils s'obligeaient à se tenir respectivement compte des charges ou des émoluments de l'hérédité proportionnellement aux droits de chacun, *id est ut lucrum et damnum hæreditarium pro rata parte inter eos commune esset.*

14

Jusqu'ici la jurisprudence en était venue á ce point que la restitution de l'hérédité s'opérait tantôt en vertu du sénatus-consulte Trébellien, et tantôt en vertu du sénatus-consulte Pégasien. Le fiduciaire avait-il été chargé de restituer seulement les trois quarts de cette hérédité ou moins de ces trois quarts? la restitution avait lieu en vertu du premier de ces sénatus-consultes et le fiduciaire et le fidéicommissaire partageaient entr'eux proportionnellement l'actif et le passif de l'hérédité. Avait-il été chargé au contraire de restituer toute l'hérédité ou plus que les trois quarts? La restitution avait lieu d'après le sénatus-consulte Pégasien, en distinguant le cas où le fiduciaire avait accepté volontairement l'hérédité de celui où il ne l'avait acceptée que par suite de l'obligation qui lui en avait été imposée. Dans le premier cas, soit que le fiduciaire eût retenu le quart de cette hérédité, soit qu'il eût renoncé á cette retenue, il supportait seul toutes les charges héréditaires, avec cette différence néanmoins que s'il retenait le quart, il y avait lieu entre le fidéicommissaire et lui, aux stipulations *partis et pro parte* dont nous avons parlé, et que si en renonçant á ce quart, il restituait toute l'hérédité, on avait recours aux stipulations *emptæ et venditæ hæreditatis.* Dans le second cas, c'est-á-dire lorsque le fiduciaire se refusait à faire adition d'hérédité, il pouvait y être contraint par le Préteur sur la demande du fidéicommissaire, et par cela même il se trouvait assujetti á opérer la restitution dont il était grevé. Mais par une juste réciprocité et par application des principes du sénatus-consulte Trébellien, tous les droits et toutes les charges de l'hérédité passaient sur la tête du fidéicommissaire, et le fiduciaire était en toute sûreté sans que l'on eût besoin de recourir á aucune espèce de stipulation; dans cette hypothèse, il y avait donc concours des dispositions du sénatus-consulte Trébellien et du sénatus-consulte Pégasien, ainsi que le fait observer la dernière partie du texte du § 5 des Institutes de Justinien (ibid.).

Les stipulations dont nous venons de parler, reçues avec défaveur dès leur origine, ne tardèrent pas á tomber dans un grand discrédit. Papinien les accusait d'être dans certains cas captieuses, et l'empereur Justinien, partageant l'opinion de ce grand jurisconsulte, supprima toutes les différences qui existaient entre les deux sénatus-consultes; il les confondit en un seul qui conserva le nom de *Trébellien* et en vertu duquel l'autorité législative fut imprimée aux principes suivants :

1º Dans tous les cas indistinctement, le fiduciaire avait le droit de retenir pour lui le quart de l'entière hérédité (portion que l'on a désignée dans la jurisprudence sous le nom de *quarte Trébellianique*), et il partageait avec le fidéicommissaire proportionnellement à ce quart, et les charges et l'émolument de l'hérédité.

Cependant si le fiduciaire retenait, en vertu du testament, certains objets particuliers d'une valeur inférieure ou égale à ce quart, *sans que le testateur les lui eût attribués pour lui tenir lieu de son quart*, il n'était considéré que comme un légataire, et par cela même il se trouvait affranchi de toute espèce de charges.

2º Si le fiduciaire restituait spontanément l'entière hérédité, tous les droits actifs et toutes les charges de cette hérédité passaient sur la tête du fidéicommissaire.

3º Lorsque le fiduciaire se refusait à accepter l'hérédité, il pouvait y être contraint sur la demande du fidéicommissaire qui, profitant de l'adition et de la restitution opérée en sa faveur, restait seul tenu de toutes les charges et recueillait en retour tout l'émolument, comme dans le cas où la restitution intégrale serait volontairement émanée du fiduciaire (Instit. § 7, ibid.).

Le sénatus-consulte Trébellien ainsi modifié, forma le dernier état de la législation, portant avec lui l'empreinte reconnaissable de l'esprit des jurisconsultes dont le but constant fut de donner un caractère de fixité et de simplicité aux théories du droit qui s'étaient montrées jusqu'alors flottantes et compliquées.

ARTICLE 4.

De la Preuve de l'existence des fidéicommis.

Le jurisconsulte Ulpien nous a enseigné dans ses Fragments que les fidéicommis n'étaient assujettis à aucune espèce de formalité extrinsèque, car l'usage avait admis le disposant à manifester sa volonté de la manière la plus simple, *etiam nutu*, *relinquere fideicommissum in usu receptum est* (T. 25 *de fideicom.*, § 1er).

L'empereur Justinien conserva aux mourants les facilités que cette jurisprudence leur offrait pour manifester leur volonté dernière en leur permettant de disposer à titre de fidéicommis, verbalement ou par écrit, et en n'exigeant d'autre preuve, pour constater l'existence de la disposition, que la présence de cinq témoins.

Il faut même remarquer avec le § 12 et dernier des Institutes (ibid.), que la présence de ces témoins n'était pas nécessaire pour constituer *la solennité* de la disposition, mais seulement pour en établir la *preuve*. On y voit en effet qu'en l'absence de tout témoin, le fidéicommissaire avait le droit, après avoir affirmé lui-même par serment qu'il agissait de bonne foi, de déférer à celui qu'il soutenait être grevé de restitution un semblable serment, et de l'obliger à jurer que cette charge ne lui avait pas été imposée par le disposant. Si le prétendu fiduciaire faisait cette déclaration, il était à l'abri de tout recours ; mais s'il se refusait à la faire, il était par cela même convaincu de mauvaise foi, et forcé par le magistrat d'opérer la restitution qui lui était demandée.

§ II.

Des fidéicommis à titre particulier.

D'après ce que nous avons dit dans le paragraphe précédent, on doit entendre par fidéicommis à *titre particulier*, celui dans lequel on ne dispose ni de l'hérédité, ni d'une quotité fixe de cette hérédité, mais seulement d'objets particuliers. En rapprochant le fidéicommis à titre particulier du fidéicommis à titre universel, on est amené à remarquer entr'eux plusieurs différences.

1° Le fidéicommissaire à titre particulier est considéré comme un légataire, et se trouve par cela même affranchi des charges de l'hérédité.

2° Dans le fidéicommis à titre universel, le testateur ne peut, d'après la nature même de la disposition, donner à titre de fidéicommis que des objets dépendant de son hérédité ; il n'en est pas de même du fidéicommis à titre particulier, puisque le testateur peut disposer à ce titre, non-seulement de sa chose propre, mais encore de celle de son héritier, de son légataire, d'un fidéicommissaire, même de la chose appartenant à un étranger.

Lorsque le fidéicommis porte sur un objet appartenant à un étranger, on suit les règles que nous avons tracées pour le legs de la chose d'autrui, en ce sens, que le grevé de restitution est obligé de faire l'acquisition de l'objet compris dans la disposition, pour en faire la remise au fidéicommissaire, et que dans le cas où il lui est impossible d'obtenir ce résultat, il doit lui en payer la valeur (Inst. tit. 24, *de sing. reb.* § 1). Au reste il est encore permis de disposer à titre de fidéicommis de la liberté en faveur d'un esclave, *Libertas quoque servo per fideicommissum dari potest*, dit le § 2 (ibid.), en faisant entre le cas où il s'agit d'un esclave propre au disposant, et celui où il appartient à l'héritier, au légataire ou à un étranger, les distinctions qui se trouvent consacrées dans le même paragraphe.

Mais si la nature du fidéicommis à titre universel et à titre particulier devait par elle-même entraîner de nombreuses différences dans les effets qu'ils produisent, ils sont soumis sous d'autres rapports à des règles identiques.

1° Les expressions dont le disposant se servait dans l'un comme dans l'autre, étaient abandonnées à sa discrétion ;

2° Le fidéicommissaire à titre universel, comme le fidéicommissaire à titre particulier, pouvait être grevé de restitution en faveur d'un second fidéicommissaire ;

3° Le grevé ne pouvait être tenu de restituer au-delà de ce dont il avait été gratifié ;

4° Enfin, la preuve de leur existence pouvait être constatée de la même manière.

Qu'il nous suffise d'avoir établi entr'eux ce rapprochement sommaire auquel nous nous proposons de donner dans nos explications tous les développements convenables. En résumant ces mêmes matières, nous tracerons un parallèle complet entre les dispositions *directes* à titre de legs et à titre d'institution d'héritier d'une part, et les dispositions *indirectes* ou à titre de fidéicommis de l'autre. Ce parallèle, qui doit embrasser toutes les phases de la jurisprudence, servira à faire ressortir dans tout leur jour, les caractères propres à chacune de ces dispositions, leurs avantages et leurs désavantages respectifs, et par cela même l'intérêt que l'on pouvait avoir à employer les uns de préférence aux autres. *

SECTION III.

Des Codicilles.

Le besoin de recourir à des voies détournées pour éluder les lois restrictives de la capacité de recevoir par testament, fut, chez les Romains (nous l'avons vu dans la section précédente), un des motifs principaux des fidéicommis. Mais on ne peut s'empêcher de reconnaître qu'ils avaient été aussi considérés comme un moyen de disposer offert aux membres de la cité qui, surpris par la mort loin de leur patrie, se trouveraient par cela même privés de la faculté de tester, à cause de l'impossibilité de

---

* Nous avons déjà donné une esquisse de ce tableau comparatif dont les éléments se trouvent d'ailleurs dans les Fragments d'Ulpien, tit. 25 *de fideicom.*, et dans les Instituts de Gaius, com. 2, § 268 et suivants. (*Voyez la note des pages 77 et 78*).

réunir autour d'eux un nombre suffisant de témoins possédant les qualités requises. Sous ce dernier rapport, les fidéicommis eurent donc une origine commune avec les codicilles. Le *proœmium* du tit. 25. Inst., de *Codic.*, l'explique de la manière suivante :

Un citoyen Romain mourant sur la terre d'Afrique avait testé avant de quitter ses foyers, et il paraît que dans son testament il avait eu la précaution de confirmer d'avance tous les codicilles qu'il croirait devoir faire plus tard. Ce citoyen Romain, qui avait institué pour ses héritiers sa fille, conjointement avec Auguste, était *Lucius Lentulus.*

Au moment de sa mort le testateur écrivait à Auguste et à sa fille des codicilles, *codicillos*, dans lesquels il les chargeait de quelque fidéicommis. * L'empereur ayant obtempéré au vœu qui venait de lui être manifesté, cet exemple de son respect pour la volonté des mourants, trouva bientôt de nombreux imitateurs, et la fille de Lentulus elle-même acquitta des legs qu'elle aurait pu se dispenser de payer d'après le droit rigoureux.

Auguste convoqua à cette occasion les jurisconsultes les plus sages, pour leur demander si l'usage des codicilles pourrait se concilier avec les règles de la jurisprudence. Parmi ces jurisconsultes, se faisait principalement remarquer Trébatius, dont les doctrines jouissaient à cette époque du plus grand crédit. Il exprima une opinion favorable à la sanction des codicilles, en invoquant surtout la nécessité de donner aux citoyens Romains que de lointains voyages retenaient si souvent sur la terre étrangère, le moyen de manifester leurs dernières volontés.

Bientôt après, un des disciples de Trébatius, Labéon, prouva, en faisant lui-même des codicilles, combien il approuvait leur utilité et leur convenance, et dès ce moment il ne resta plus aucun doute sur la légalité d'un mode de disposition à cause de mort que les mœurs des Romains avaient définitivement accueilli.

De ces observations historiques, on peut induire facilement que les codicilles pouvaient être faits par une personne qui décédait *intestat* (pourvu toutefois que celle-ci jouit de la capacité de faire un testament, l. 3, § 2, ff. *de jure cod.*), comme d'une personne qui avait testé.

Si l'auteur des codicilles décédait *intestat*, ceux-ci

---

* Les codicilles, *codicilli, epistolæ*, étaient ordinairement conçus en forme de lettre missive adressée par le disposant à l'héritier. Nous en trouvons un modèle dans la loi 56, ff. *de fideic hæred.* On y remarque les expressions suivantes : *Lucius Titius hæredibus primis et substitutis salutem :* Peto ut ea quæ testamento legavi, cavi, et ea quæ codicillis cavero et legavero, præstetis.

avaient une existence indépendante, tandis que s'ils
étaient précédés ou suivis d'un testament, ils partageaient
son sort. Valables avec lui et par lui, ils auraient été
frappés par la nullité dont il se serait trouvé lui-même
entaché.

Toutefois si les codicilles pouvaient concourir avec un
testament antérieur ou postérieur (car d'après un rescrit
des empereurs Sevère et Antonin qui rejeta l'opinion contraire émise par Papinien, le testament postérieur aux
codicilles ne les révoquait que dans le cas où il apparais-
sait que l'intention du testateur avait été de les révoquer),
il ne faut pas croire que ces deux manières de disposer
fussent placées sur la même ligne et que le droit qui les
régissait eût été confondu. Il ne fut jamais en effet permis de faire par *un codicille* tout ce que l'on pouvait faire
par *un testament*, puisque le § 2 de notre titre nous apprend que dans des codicilles, le disposant ne pouvait ni
instituer directement un héritier, ni révoquer une institution préexistante, ni exhéréder un héritier sien, et qu'il
lui était même défendu de modifier par une condition une
première institution pure et simple, et de substituer directement à un institué.

Cependant si, comme nous venons de le voir, le testateur ne pouvait *directement* donner ou retirer son hérédité par des codicilles, il avait la faculté d'en disposer à
titre de fidéicommis.

Il faut toutefois remarquer que le disposant avait plus
de latitude dans les codicilles confirmés par testament que
dans ceux qui n'avaient pas été revêtus de cette confir-
mation. On voit en effet par l'ensemble de plusieurs
textes, 1° que par des codicilles confirmés on pouvait
disposer à titre de legs; 2° révoquer ou transférer un
legs précédent; 3° affranchir directement un esclave; 4°
enfin, nommer un tuteur testamentaire, alors qu'il n'aurait pas été permis de faire de semblables dispositions
dans un codicille non confirmé (Inst. de Gaius, comm. 2,
§ 270, loi 3, ff. *de test. tutel.*).

En parlant de l'hérédité testamentaire, nous avons reconnu que le testament postérieur entraînait nécessairement la rupture de celui qui l'avait précédé, tandis que la
même personne pouvait faire plusieurs codicilles qui tous
devaient être exécutés lorsqu'ils ne renfermaient point des
dispositions incompatibles. Enfin, si les testaments se
trouvaient régis, quant à leur forme, par des règles toutes particulières, établies non-seulement pour constater
leur existence, mais encore pour constituer leur solennité,
il n'en était pas de même des codicilles qui n'étaient assujettis à aucune espèce de solennité. Ils pouvaient,

comme toute autre disposition à cause de mort, être valablement faits par écrit ou verbalement, en présence de cinq témoins seulement. Dans le cas où le codicille était fait par écrit, les témoins devaient y apposer leur marque, conformément à la loi, ult. *Cod. de codic.*

Nous terminerons cette matière en faisant remarquer qu'un testateur pouvait, en déclarant par son testament que, dans le cas où cet acte serait nul comme tel, il serait du moins valable comme codicille, lui assurer tous les effets attachés à ce dernier mode de disposition. L'hérédité était alors naturellement déférée aux héritiers légitimes qui se trouvaient obligés de la restituer à titre de fidéicommis à l'héritier institué, en retenant le quart de cette hérédité en vertu des dispositions du sénatus-consulte Trébellien. Mais il fallait pour qu'une semblable clause à laquelle on donna le nom de *clause codicillaire*, produisît son effet, qu'elle eût été formellement insérée dans le testament. Elle ne pouvait être admise par voie d'interprétation ; le testament, nul comme tel, se trouvait frappé d'une nullité radicale et ne produisait aucun effet comme codicille, à moins que le testateur n'eût exprimé sa volonté à ce sujet. Tel est le principe posé par le jurisconsulte Ulpien, dans la loi 1re, ff., *de Jure codic.*

OBSERVATION.

Dans la livraison suivante, je traiterai la suite de toutes les matières comprises dans les six parties qui rentrent dans la 1re division *du Droit de Propriété.*

Une dernière Livraison sera spécialement consacrée à la seconde division, qui a, comme on le sait, pour objet LE DROIT A LA PROPRIÉTÉ ou plus particulièrement les *Obligations* fondues avec les *Actions.*

Toulouse, imprimerie de PH. MONTAUBIN, petite rue St-Rome, 1.

www.ingramcontent.com/pod-product-compliance
Lightning Source LLC
Chambersburg PA
CBHW071221200326
41519CB00018B/5626